TATSACHEN

NR. 20

»Dresden,
in einer reizenden Talebene
zu beiden Seiten der Elbe gelegen,
gehört zu den schönsten Städten Deutschlands…«
(Brockhaus Conversations-Lexikon)

Karl-Heinz Wiggert

Erlebnisse im alten Dresden

TaVe

TAUCHAER VERLAG

Zeichnungen: Karl-Heinz Wiggert

Wiggert, Karl-Heinz:
Erlebnisse im alten Dresden/Karl-Heinz Wiggert
1. Aufl. – [Taucha]:
Tauchaer Verlag 2002.
ISBN 3-89772-033-7

Gestaltung: Hans-Jörg Sittauer
Herstellung: Neumann & Nürnberger, Leipzig
Satz und Reproduktion: XYZ-Satzstudio, Naumburg
Druck und Verarbeitung:
Westermann Druck Zwickau
Printed in Germany
ISBN 3-89772-033-7

Inhalt

Vorwort

DA GLAUBT MAN doch, wenn man ein Büchlein über seine Kindheitserinnerungen in Dresden geschrieben hat, dem nun schon ein zweites bis siebentes gefolgt sind, jetzt müsste eigentlich alles gesagt sein. Aber in Gesprächen mit alten Dresdnern über das bisher Geschilderte eröffnen sich immer wieder

Das Eberstein-Haus an der Ostseite des Altmarktes.

neue Gesichtspunkte und es werden eigene Erinnerungen ins Gedächtnis zurückgerufen, die längst entschwunden waren. Grund genug, diesen nachzugehen, sie zu vertiefen und zu Papier zu bringen. Was der Autor niemals für möglich gehalten hätte, es bietet sich Stoff für ein nunmehr achtes Büchlein. Es soll erzählen vom Dresden der dreißiger und vierziger Jahre, wie ich es als Kind und Jugendlicher erlebt habe. Dabei verquicken sich wieder Spaziergänge durch die damalige Stadt, Ausflüge in die nähere Umgebung, kuriose Erlebnisse in der Schule, Beschäftigungen in der Freizeit, die Begegnung mit Kunstwerken aber auch Erinnerungen an sprachliche Eigenarten, wie sie dem Verfasser auch heute noch für Dresden besonders typisch erscheinen.

Möge dem Leser damit eine Rückschau auf eine längst vergangene Zeit geboten werden, die uns heute in weitaus stärkerem Maße verklärt erscheint, als sie es damals gewesen sein mag. Aber das haben Erinnerungen an Kindheit und Jugend wohl immer an sich.

K.-H. W.

Die Fliegende Fähre

ZUM ERSTEN MALE habe ich sie wohl gesehen, als die Eltern mit mir auf dem Dampfschiff nach Pillnitz gefahren sind. Da lag sie am Anlegesteg in Laubegast vor dem Hotel »Stadt Amsterdam«.

»Auf dem Schiff dort sind doch sogar Pferde mit einem Wagen«, rief ich voller Erstaunen aus. Vater erklärte mir, das sei die »Fliegende Fähre«, die hier vom linkselbischen Ufer in Laubegast zur anderen Elbseite hinüber nach der Schanze verkehrt.

»Und was sollen die Pferde auf dem Schiff?«

Ich bekam zu hören, dass der Kutscher mit seinem Pferdewagen wohl hinüber nach Niederpoyritz wolle. Hier gäbe es aber keine Brücke, so dass er die Fähre benutzen müsse.

»Warum heißt die aber dann »Fliegende Fähre«, kann die denn wirklich fliegen?« ging mein Fragen weiter.

»Das kann sie natürlich nicht«, meinte Vater. »Aber im Gegensatz zu den anderen »Überfähren«, die es in Dresden gibt, ist die in Laubegast doch etwas besonderes. Sie hat nämlich keinen Motor oder keine Dampfmaschine, sondern sie hängt an einem langen Seil, das oberhalb der Fährstelle im Fluss verankert ist. Durch entsprechende Stellung ihres Ruders lässt sie sich von der Strömung der Elbe ans andere Ufer treiben. Das Gierseil, wie man das nennt, läuft über Rollen auf dem traversenförmigen Gestell über der Fähre. Wenn du genau hinguckst, dann siehst du, wie es sich von der einen Seite zur anderen bewegt.

Und weil man für das Übersetzen nun keinen Dampf oder Strom braucht, hat man die Ladefläche der Fähre gleich so groß gebaut, dass eben auch mehrere Pferdewagen oder Autos darauf Platz haben. Personen können natürlich auch mitfahren. Wenn Mutti mal mit dir nach Laubegast kommt, dann könnt ihr ja selbst einmal die Fähre benutzen. Dann siehst du ganz genau, wie das geht.«

In den nächsten Wochen lag ich Mutter immer in den Ohren, sie möchte doch bald einmal mit mir nach Laubegast fahren, damit wir dort mit der »Fliegenden Fähre« übersetzen können. Sie hat mir diesen Wunsch dann auch erfüllt.

Mit der Straßenbahnlinie 22 sind wir von der Striesener Straße bis zur Endstation Kronstädter Platz in Laubegast gefahren. Durch die Klausenburger Straße mussten wir nur noch ein kurzes Stück bis zur Elbe laufen. Hier gab es damals auch eine Anlegestation der Sächsisch-Böhmischen Dampfschifffahrt. Und unsere Fähre lag auch gerade hier am Ufer. Ein Auto und ein Pferdewagen standen schon darauf, als wir über den Anleger liefen. Mutter löste unsere Fahrscheine und dann hatte ich Zeit, mir alles genau anzuschauen. Dem alten Fährmann machte es offensichtlich Spaß, zu sehen, wie ich mich hier interessiert umschaute.

Inzwischen sah ich auf der Elbe aus Richtung Pillnitz einen Schleppzug talwärts fahren. Der kam sicher aus Böhmen. Nun sollten wir aber endlich losfahren, wir waren doch an Bord, auf wen wartete man denn noch? Ungeduldig trat ich von einem Fuß auf den anderen.

»Frag doch den Fährmann mal, warum er noch nicht losfährt«, riet mir Mutter, die meine Ungeduld bemerkte. Ich fasste mir ein Herz und ging ans Steuerhaus.

»Herr Fährmann, warten wir noch auf jemand?« mit diesen Worten wandte ich mich an den schnauzbärtigen alten Mann in Lederzeug, der sich an das Steuerruder lehnte.

»Nein, mein Kleiner, wir können noch nicht losfahren. Wir müssen erst den Schleppzug, der die Elbe herunter kommt, vorbeilassen. Wir hängen doch an dem Seil, das dort vorn im Strom festgemacht ist. Wenn ich jetzt losfahre, dann fährt mir der Schlepper ins Seil, zerreißt es vielleicht und dann treiben wir steuerlos den Fluss herunter.«

Die »Fliegende Fähre« in Laubegast.

Das leuchtete mir ein. Also hieß es warten, bis der Schleppzug mit allen seinen Kähnen an uns vorbei gefahren war. Dann konnte es losgehen.

Der Fährmann löste die Vertäuung vom Anlegesteg und drehte an seinem Steuerrad. Jetzt stellte er offensichtlich das Ruder so, dass uns die Strömung auf die andere Seite der Elbe trieb. Wir entfernten uns spürbar vom Ufer. Ein kreischendes Geräusch ließ mich nach oben blicken. Der auf dem Gestell über uns befindliche kleine Wagen, über den das Seil lief, bewegte sich langsam zur anderen Seite. Nun waren wir schon in Strommitte angelangt, als uns zwei Paddelboote passierten, die stromauf fuhren. Je näher wir dem anderen Ufer kamen, um so weiter drehte der Fährmann an seinem Steuerrad, bis wir schließlich am rechtselbischen Landesteg angekommen waren. Wir Fußgänger mussten noch warten, bis das Pferdefuhrwerk und das Auto die Fähre verlassen hatten, dann durften auch wir an Land gehen.

An der hier in Ufernähe hinter den großen Bäumen befindlichen Gastwirtschaft »Zur Schanze« vorbei liefen wir auf der nach links abbiegenden Laubegaster Straße zur Straßenbahnhaltestelle Niederpoyritz. Da kam auch schon ein Wagenzug der Linie 18 aus Pillnitz, der uns über das Blaue Wunder, die Emser Allee, Pfotenhauer- und Blumenstraße bis zur Haltestelle Elisenstraße nach Hause brachte.

Jetzt wusste ich, was es mit der »Fliegenden Fähre« von Laubegast auf sich hatte und war darauf schon selbst über die Elbe gefahren.

Auf Eis-Tour

ES MUSS in den ersten Kriegsjahren gewesen sein, etwa 1940/41. Die Eltern besaßen in der Küche einen Eisschrank, in dem verderbliche Lebensmittel aufbewahrt werden konnten. Nun gab es damals noch keine elektrisch arbeitenden Kühlschränke oder Kühltruhen, wie sie heute für uns so selbstverständlich sind. In unseren Eisschrank musste Stangeneis gelegt werden, das dann mehr oder weniger lange vorhielt. Dazu kam wöchentlich der Eismann mit seinem Wagen vorgefahren. Anfangs war das ein Pferdegeschirr, später dann ein kleines Lieferauto. Er hielt in bestimmten Abständen und kündigte den Anwohnern mit dem Läuten einer großen Glocke seine Anwesenheit an. Die kamen dann mit Eimern gelaufen und kauften ihr benötigtes Quantum, eine viertel oder auch halbe Stange. Aus irgendwelchen Gründen wurde damals diese Straßenbelieferung der Bevölkerung eingestellt.Vielleicht war der Eismann zur Wehrmacht eingezogen worden oder es standen keine Fahrzeuge mehr zur Verfügung.

Damit ihre Eisschränke auch weiterhin in Funktion bleiben konnten, mussten die Bürger, die nicht auf diesen »Komfort« im Haushalt verzichten wollten, ihr Eis selbst von der Fabrik abholen. In Dresden wurde Stangeneis unter anderem im Eishaus an der Weißeritzstraße produziert. Das lag zwischen Wettiner Bahnhof und Ostra-Gehege, also nicht gerade in nächster Nähe unseres Wohngebiets. Noch kann ich mich daran erinnern, wie ich einmal frühmorgens mit einem kleinen Handwagen losgezogen bin, um dort »Futter« für unseren Eisschrank zu holen. Ich hatte einige alte Säcke mitgenommen, in die ich den Kauf einwickeln wollte, sonst wäre mir unterwegs vielleicht alles weggeschmolzen. Damit sich der Weg lohnte, sollte ich nicht nur unseren eigenen Bedarf einkaufen. Auch die im gleichen Haus wohnende Oma Ernestine brauchte Eis, vielleicht habe ich auch noch für einige Wohnungsnachbarn mitgebracht, das weiß ich aber heute nicht mehr.

Ich war früh zeitig losmarschiert, um nicht in die bald aufkommende sommerliche Hitze zu geraten. Als kürzesten Weg hatte ich mir auf dem Stadtplan die Strecke über das Terrassenufer, das damals Ludendorffufer hieß, entlang der Elbe ausgesucht. Da herrschte auch am wenigsten Verkehr. Ich zog meinen kleinen Rolli, mit dem ich sonst auch die Pakete für Vaters Geschäft zur Post brachte, über die Elisenstraße bis an das damalige Hindenburgufer. Nun ging es vorbei an Albert-, Carola- und Augustusbrücke westwärts. Hinter dem Italienischen Dörfchen führte mein Weg links am Hotel Bellevue, am ehemaligen Fernheizwerk entlang und über die Packhof- zur Devrientstraße. Nachdem ich die Marienbrücke unterquert hatte, musste ich nach links in die Weißeritzstraße einbiegen. Hier traf ich auf den großen quaderförmigen Bau des Eishauses. Ich fuhr in den Hof an die Rampe, wo schon zwei Eiskunden vor mir standen.

Als ich an der Reihe war, gab ich meine Bestellung auf: Ich brauchte dreimal eine viertel Stange Eis und bat den dort tätigen Arbeiter, mir diese in die mitgebrachten Säcke einzupacken. Dann machte ich mich auf den Heimweg. Jetzt musste ich doch ein etwas schärferes Tempo vorlegen als auf dem Herweg, wollte ich von meinen drei Vierteln Eis genügend nach Hause bringen. Noch war der Morgen einigermaßen kühl, aber bald würde es heiß werden, wie das die letzten Tage gezeigt hatten.

Ich eilte auf dem gleichen Weg heimwärts. Als ich am Italienischen Dörfchen den Bogen der Augustusbrücke erreicht hatte , da guckte ich auf das hier eingemauerte Brückenmännchen. Das heißt, es war eine Nachbildung, denn die Plastik von der alten Augustusbrücke war bei deren Abbruch verloren gegangen. Und ich erinnerte mich auch gleich daran, dass die Eltern mit mir im Jahre 1929, als der Fluss völlig zugefroren war, hier auf dem Eis spazieren gegangen sind. Damals hatten sie mir die Bildwerke aus der Nähe gezeigt, die am Pfeiler in Flussmitte angebracht sind. Heute konnte ich sie nur vom Ufer aus der Entfernung betrachten. Nachdem ich unter dem Brückenbogen durchgefahren war, wendete ich mich schnell noch einmal um. Richtig, hier war ja als Schlussstein ein bärtiger Männerkopf angebracht. Vater hatte mir damals erklärt, das sei der Baumeister Klette, der kurz vor Vollendung des Brückenneubaus Anfang dieses Jahrhunderts verstorben war.

Unterhalb der Brühlschen Terrasse ging es weiter. Vorbei am sogenannten Gondelhafen, der aber jetzt nur noch eine Grünanlage war, führte mein Weg. Zur Rechten an der Mauer der Brühlschen Terrasse das Moritzmonument, eines der ältesten plastischen Bildwerke in der Stadt. Ab und zu blickte ich hinter mich auf das Straßenpflaster. Bis jetzt war noch nicht zu erkennen, dass meine Fracht schon ins Schmelzen geraten wäre, da hätte ich ja eine Wasserspur hinter mir gelassen.

Zwischen Carola- und Albertbrücke standen wie-

Das Brückenmännchen an der Augustusbrücke.

der viele Möbelwagen auf dem hier vor dem Elbufer vorhandenen Ausladeplatz. Jetzt am Sachsenplatz hatte ich den größten Teil meiner Wegstrecke hinter mir. In seinen Grünanlagen befand sich das Kolonialkriegerdenkmal. Immer wieder musste ich beim Anblick der hier aufgestellten Mitrailleuse deren zur Elbe gerichtete Mündung mit einem Küchensieb vergleichen. Hinter der ehemaligen Jägerkaserne, in der jetzt die Polizei untergebracht war, hatte ich noch die von rechts kommende kurze Manteuffelstraße zu überqueren, dann kam schon die Elisenstraße. Ich schwenkte hier nach rechts ab. Über die Kreuzungen von Feldherren-, Hammer-, Blumen- und Gerokstraße hatte ich die heimischen Gefilde der Dürerstraße erreicht.

Jetzt fing meine kühle Fracht doch schon an, langsam zu tropfen und auf meinem Weg eine feuchte Spur zu hinterlassen. Doch nun konnte nicht mehr viel passieren. Ich war jedenfalls froh, als ich allen die bestellten Eisstangen-Viertel übergeben konnte, damit die Eisschränke wieder ihrem Zweck dienen konnten. Und von der Oma bekam ich für meinen Weg sogar ein Fünf-Mark-Stück spendiert!

Mit der Schwebebahn zur Loschwitzhöhe

*B*EI SCHÖNEM Wetter sind die Eltern am Wochenende mit mir oft zu einer der in Dresdens Umfeld so zahlreich anzutreffenden Gaststätten gepilgert.

»Heute wollen wir mal zur Loschwitzhöhe gehen«, hatten sie mir am Morgen gesagt, »da hat man einen schönen Blick auf Dresden und die Elbe, dort bist du ja noch nie gewesen.«

Ich freute mich sehr. Hatten sie mir doch auch verraten, dass wir mit der Schwebebahn hinauf fahren würden. Die kannte ich noch nicht. Bloß mit der Standseilbahn waren sie mit mir schon mal auf den Luisenhof gefahren. Damals hatte ich bei der Fahrt bergauf unterwegs jenseits des Loschwitzgrundes die Kabinen der Schwebebahn von weitem gesehen.

Gleich nach dem Mittagessen machten wir uns auf den Weg. Erst ging es zur Straßenbahnhaltestelle in der Gerokstraße. Dort bestiegen wir die Linie 16, mit der wir bis zum Schillerplatz fuhren. Hier mussten wir aussteigen, unsere Bahn fuhr durch die Tolkewitzer Straße weiter. Doch wir brauchten nur noch über das Blaue Wunder, die Elbbrücke zwischen Blasewitz und Loschwitz, zu gehen. Dann waren es wenige Schritte über den Körnerplatz in die Pillnitzer Landstraße bis zur Talstation der Schwebebahn. Noch vor der Loschwitzer Kirche, die übrigens auch ein Werk George Bährs ist, der durch den Bau der Dresdner Frauenkirche bekannt ist, trafen wir auf das mir sehr imposant erscheinende Gebäude der Talstation. Das sei flämischer Renaissancestil und 1900 wäre die

Bahn als Verbindung nach Oberloschwitz erbaut worden, wusste mir Vater zu berichten. 280 Meter lang ist die Fahr-, eigentlich müsste man ja Schwebestrecke sagen, auf der ein Höhenunterschied von 84 Meter überwunden wird. Das kann man an einem hier angebrachten Schild nachlesen.

Nachdem wir die zweiläufige Treppe zum Bahnsteig hochgestiegen waren und die Eltern Fahrscheine gelöst hatten, mussten wir nur wenige Minuten warten, bis eine der beiden Gondeln vom Berg herunter kam und die Fahrgäste ausgestiegen waren. Dann durften wir die Gondel betreten. Nach einer Weile schloss der Schaffner die Abteiltüren und die Bahn setzte sich in Bewegung. Es war mir schon etwas komisch zu Mute, als wir nach Verlassen der Talstation plötzlich frei über dem Erdboden schwebten. Gespannt blickte ich nach unten. Wir fuhren jetzt über den Veilchenweg, auf dem etliche Fußgänger zu sehen waren. Vater erzählte mir, dass er hier einmal erlebt habe, wie eine der Gondeln mit einem großen Möbelauto zusammengestoßen sei, das gerade in dem Augenblick unter der schwebenden Bahn fuhr. Es wären aber keine Personen zu Schaden gekommen, bloß der Verkehr sei für einige Zeit unterbrochen gewesen, bis die Gondel wieder frei war.

»Wer war denn Schuld an dem Zusammenstoß?« wollte ich wissen. Und Vater meinte, ganz bestimmt der Autofahrer. Der hätte ja wissen müssen, wie hoch sein Auto sei und auf der Straße stände bestimmt ein Schild, dort hätte er warten müssen, bis die Bahn vorbeigefahren wäre. Denn die konnte ihm ja nun wirklich nicht ausweichen. Das leuchtete mir ein. Jetzt war jedenfalls kein Hindernis zu sehen und wir konnten problemlos die Straße überqueren.

Da ich mich in Fahrtrichtung ins Abteil gesetzt hatte, meinte Mutter jetzt, ich solle mich doch einmal umdrehen. Ich machte das und sah, wie unter uns die Gegend immer weiter absank. Schon hatte man einen schönen Blick auf die Elbe mit dem Blauen Wunder und das gegenüberliegende Blasewitz. »Wenn wir ganz oben sind, da wirst du das alles noch viel schöner sehen können«, meinten die Eltern.

In diesem Augenblick begegneten wir der neben uns von oben nach unten schwebenden zweiten Gondel. Vater erklärte mir, diese hinge am anderen Ende unseres Seiles und wenn beide Gondeln von gleich viel Personen besetzt seien, dann brauche die in der Bergstation befindliche Antriebsmaschine nur wenig Kraft, um uns hochzuziehen. Das leuchtete mir ein.

Inzwischen hatte unsere Gondel wieder festen Boden unter sich. Wir waren in der Bergstation ange-

Die »Loschwitzhöhe« an der Bergstation der Schwebebahn.

langt. Der Schaffner öffnete die Abteiltüren und ließ uns aussteigen.

War das schön, hier oben! Die Eltern führten mich auf die Plattform vor dem großen Gebäude der Gaststätte Loschwitzhöhe und wir schauten uns das vor uns liegende Elbtal in aller Ruhe an. Ich erkannte Blasewitz, Tolkewitz und Laubegast, dahinter weites Land, im Hintergrund zahlreiche Berge. Vater zeigte mir den Wilisch, der wie ein Pantoffel aussieht, die Babisnauer Pappel, das Bismarck-Denkmal in Räcknitz und die vielen Kirchen und Türme der Stadt Dresden.

Nach Osten zu konnte man im Hintergrund schon die Berge der Sächsischen Schweiz erkennen. Und unten auf der Elbe entdeckte ich einen langen Schleppzug, der eine schwarze Rauchfahne hinter sich her zog. Beim Blick auf die Schwebebahnstrecke konnte ich auch feststellen, dass die Gondeln über Eisenträger mit Rollen auf den darüber verlaufenden Schienen hingen, ihre Last also nicht von einem Seil getragen werden musste. Das diente nur zum Hinaufziehen bzw. Herunterlassen. Noch lange hätte ich hier stehen mögen. Doch die Eltern wollten ja ihren Kaffee trinken und wir betraten die Gaststätte Loschwitzhöhe. Es gab auch einen Terrassengarten, aber Mutter meinte, hier sei es ihr zu windig. Wir fanden in der geschlossenen Veranda einen schönen Fensterplatz. Ich konnte ungestört von meinem Stuhl aus ins Elbtal hinunterblicken.

Die Eltern bestellten sich Kaffee und Kuchen, mir ein Glas Milch und einen Windbeutel. Immer wieder zog aber die vor meinen Augen liegende schöne Landschaft meine Aufmerksamkeit auf sich. Hier hätte ich stundenlang sitzen mögen, zumal ich auf der Elbe jetzt auch zwei weiße Ausflugsdampfer entdeckte. Der eine kam wahrscheinlich aus der Sächsischen Schweiz und fuhr stromab, während sich ein zweites Schiff langsam stromauf bewegte.

Als sich die Eltern schließlich zum Aufbruch rüsteten, musste ich wohl oder übel meinen Blick vom Elbtal lösen. »Nach unten wollen wir aber jetzt zu Fuß gehen«, meinte Vater. Unser Weg führte uns zunächst durch die Oeserstraße, bevor wir bei der »Schönen Aussicht« nach rechts in den 2. Steinweg einbogen. »Hier ist übrigens auch eine sehr beliebte Gaststätte«, sagte Mutter zu mir. »Wenn wir einmal nicht wissen, wohin wir am Sonntag gehen sollen, da können wir uns die »Schöne Aussicht« vornehmen.« Damals hatte man nämlich von hier aus wirklich noch einen schönen Ausblick ins Tal. Inzwischen ist dieser durch neugebaute Häuser und hochgewachsene Bäume ziemlich versperrt.

»Wenn wir jetzt auf dem 2. Steinweg sind, dann gibt es doch bestimmt auch einen 1., oder nicht?« fragte ich wissbegierig. Und bekam zur Antwort, dass wir gleich an dem vorbeikommen würden. Steil ging es jetzt hinunter auf den Veilchenweg und als wir dort nach rechts abbogen, da las ich schon »1. Steinweg« an einem Straßenschild an der von oben kommenden hier einmündenden schmalen Gasse. Vorher führten mich die Eltern aber noch vor das Haus Nummer 9. Sie zeigten mir dort eine im Garten stehende alte Winzersäule mit einer kleinen Sonnenuhr und Inschriften in dem auf der Säule sitzenden Würfel, über dem sich eine Pyramide erhebt, die oben von einer vergoldeten Kugel abgeschlossen wird. Ich erfuhr, sie stamme aus dem Jahr 1674 und erinnere an den Weinbau, der früher hier in Loschwitz betrieben

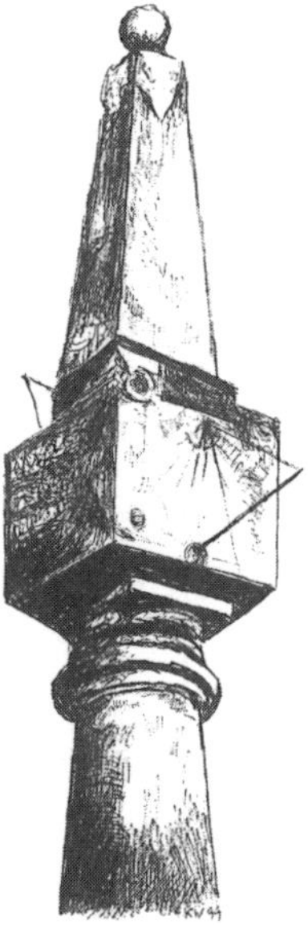

Die alte Winzersäule auf dem Veilchenweg.

wurde. Mit dem Auftreten der Reblaus, einem Weinschädling, und auch durch wirtschaftliche Probleme wäre dieser Erwerbszweig vieler Loschwitzer Einwohner aber völlig zugrunde gegangen.

Wir liefen jetzt oberhalb der Loschwitzer Kirche und unterquerten die Strecke der Schwebebahn, auf der wir vor wenigen Stunden nach oben geschwebt waren. Jetzt kam aber gerade kein Wagen vorbei und die Eltern wollten nicht warten, bis eine Bahn über uns hinweg fuhr, wie ich das gerne erlebt hätte. Dann waren wir schon am Körnerplatz angelangt. Wir warteten an der Straßenbahnhaltestelle auf eine Bahn der Linie 1.

Während ich noch einen Blick auf die Talstation der Standseilbahn warf, die von hier aus bis zum Luisenhof fährt, kam auch schon unsere Straßenbahn. Über die Elbbrücke, den Schillerplatz, Residenz-, Blasewitzer und Gerokstraße brachte sie uns zur Haltestelle Elisenstraße und wenige Minuten später hatten wir wieder unser Zuhause auf der Dürerstraße erreicht.

Ein Generaloberst kommt in die Schule

WIR SCHRIEBEN das Jahr 1943, als sich die hier geschilderte Episode an unserer Schule zugetragen hat. Vier Jahre währte der Krieg schon und machte sich mittlerweile in allen Lebensbereichen bemerkbar. Die Stadt Dresden war aber bisher noch von Zerstörungen verschont geblieben, wie sie so viele deutsche Städte bereits erlitten hatten. Zeitweilig hatte man auf den Dächern verschiedener öffentlicher Gebäude leichte Fliegerabwehrgeschütze aufgestellt. So auch auf unserer Oberrealschule Johannstadt in der Marschnerstraße. Zu ihrer Bedienung hatte man Schüler oberer Klassen als »Luftwaffenhelfer« verpflichtet. In wechselndem Turnus mussten sie sich in Alarmbereitschaft halten, wozu sie im Zeichensaal der Schule einquartiert wurden, der sich im obersten Stockwerk befand und in dem Doppelstockbetten aufgestellt waren. Als militärischer Leiter war den Jungen, die nur kurz in der Handhabung der Luftabwehrgeschütze ausgebildet worden waren, ein nicht mehr frontdiensttauglicher Unteroffizier der Luftwaffe zugeordnet worden. Dieser Mann war nun wahrlich keine Geistesgröße. Er machte sich aber offensichtlich immer ein besonderes Vergnügen daraus, die »Herren Oberschüler« beim Geschützexerzieren so richtig zu »schleifen« und ihnen seine Macht zu demonstrieren. Die Jungen rächten sich auf ihre Weise und haben ihm so manchen Schabernack gespielt, wann immer sich dazu Gelegenheit bot. Versöhnen konnten sie ihn jedoch stets wieder dadurch, dass sie ihm Lesestoff aus der Schülerbücherei verschafften.

Es war ein Sonnabend nachmittag. Die Bereitschaftsgruppe der Jungen war eben damit beschäftigt, den Zeichensaal, ihren Aufenthaltsort zu reinigen, während ihr »Vorgesetzter« hinter den Doppelstockbetten am Fenster in Karl Mays »Winnetou« schmökerte. Erwähnenswert ist an dieser Stelle, dass sich unter den Schülern auch Wolfgang B. befand, dessen Vater damals Generaloberst in der Wehrmacht war.

Während die Jungen eifrig beim Fegen und Putzen waren, wurde plötzlich die Türe geöffnet. Neben dem Rektor betraten drei Offiziere den Raum: ein Leutnant, ein Major und ein Generaloberst. Siegfried, der gerade am nächsten zur Tür stehende Junge, fasste sich zuerst und rief laut:

»Achtung!« Dann trat er vor den ranghöchsten

Flak auf dem Dach der Oberrealschule Johannstadt.

Offizier, nahm Haltung an und meldete: »Zweite Bereitschaft der Luftwaffenhelfer beim Reviierreinigen, Herr Generaloberst!« Während der lächelnd die Hand an die Mütze legte und dankte, kam der Unteroffizier aus seiner Ecke hervor geschossen und brüllte:

»Ihr Blödmänner! Ihr denkt wohl, ihr könnt mich verklapsen. Von wegen Herr Generaloberst.« Hier blieb ihm das Wort buchstäblich im Halse stecken, als er vor dem Offizier mit den roten Streifen an der Hose stand.

Hilflos stammelte er: »Verzeihung, ich, ich konnte ja nicht wissen, ... nicht wissen, ... Herr Generaloberst ...«

»Ist schon gut. Ich wollte bloß fragen, ob Sie meinen Sohn mal für einige Stunden entbehren können. Ich bin gerade auf der Durchfahrt durch Dresden und will ihn kurz mit nach Hause nehmen«.

»Aber selbstverständlich, Herr Generaloberst«, versicherte der noch immer ganz bleiche Unteroffizier. Und Wolfgang, der gerade Geschützwache auf dem Dach hatte, wurde sofort abgelöst, durfte sich umziehen und mit seinem Vater, dem Generaloberst, abziehen.

Ein weiter Blick vom Borsberg

ES WAR in den Herbstferien Anfang der dreissiger Jahre. Herr B., unser Lehrer an der 18. Volksschule, hatte uns eine Wanderung nach dem Borsberg angeboten. Von dort gäbe es einen wunderschönen Blick auf Dresden, das Elbtal, die Sächsische Schweiz, ja bis nach Böhmen und ins Erzgebirge, meinte er am letzten Tag vor den Ferien. Wer Lust habe, sich das mal anzusehen, der könne mitkommen. Wir sollten dann morgen um 9 Uhr an der Haltestelle der 18 am Sachsenplatz sein und uns von den Eltern das Fahrgeld für zwei Straßenbahnfahrten und einen Groschen für den Aussichtsturm auf dem Borsberg mitgeben lassen.

Pünktlich finde ich mich dort ein. Herr B. erwartet uns schon und bis zur vereinbarten Zeit sind schließlich sechs Jungen gekommen. Die Bahn bringt uns schnell nach Blasewitz, es geht über das Blaue Wunder nach Loschwitz und dann durch die Pillnitzer Landstraße bis zur Endstation. Nun heißt es laufen. Herr B. führt uns durch den Friedrichsgrund zunächst zur Meixmühle. Das ist eine bekannte Gaststätte, die von den Dresdner Einwohnern am Wochenende gern aufgesucht wird. Sie hat ihren Namen nach einer früher existierenden Mühle. Die hier angelegte erste Gaststätte war allerdings 1895 abgebrannt, wie wir erfahren. Vorbei an einem Teich steigt der Promenadenweg an. Über eine kleine Brücke gelangen wir zur Zaschendorfer Straße und haben dann bald den Gipfel des Borsberges erreicht.

»355 Meter über dem Meeresspiegel stehen wir hier«, meint Herr B.

»Gehen wir jetzt in das Restaurant?« fragt einer der Jungen. Doch Herr B. sagt, er wolle uns erst die Aussicht zeigen. Wir seien ja noch gar nicht lange unterwegs, eingekehrt werden könne später. Dann führt er uns zur »Eremitage«. Das ist ein kleiner Raum in einer künstlich aufgebauten Felsengrotte. Das Ganze stamme aus dem Jahre 1780 und habe früher dem sächsischen Königshaus gehört. Wir können uns nicht so richtig vorstellen, wer sich hier aufgehalten haben soll. Zum Wohnen ist das doch nicht geeignet.

»Jetzt wollen wir auf das Aussichtsgerüst steigen, ihr habt doch hoffentlich alle von zu Hause die 10 Pfennige Eintrittsgeld mitbekommen«, meint Herr B. Der Aussichtsturm ist eigentlich nur ein Gerüst, aber man hat von dort aus sicher einen besseren Blick auf die Landschaft. Wir klettern also hoch, nachdem wir unseren Obulus gezahlt haben.

Wirklich, Herr B. hat uns nicht zu viel versprochen. Was man von hier aus alles sehen kann! »Nun guckt euch erst mal selber um. Dann will ich euch alles erklären, was ihr hier sehen könnt.«

Staunend stehen wir am Geländer und können uns nicht sattsehen. Dass wir heute auch noch so schönes Wetter erwischt haben, das ist wirklich großes Glück. Ganz weit kann man schauen bis zu den Bergen am Horizont.

»So, nun hört mal schön zu. Jetzt wollen wir uns der Reihe nach vornehmen, was es hier zu betrachten gibt«, beginnt unser Lehrer seine Erläuterungen, denen wir gespannt lauschen. Im Augenblick sind keine weiteren Besucher hier oben, so dass niemand gestört wird.

Herr B. beginnt seine Erklärung und weist auf die in nordwestlicher Richtung liegende Stadt Dresden. Da wissen wir ja fast alle Bescheid, welche Türme zu erkennen sind. Frauenkirche, Rathaus, Kreuzkirche und Schlossturm sind nicht zu übersehen.

»Ganz weit am Horizont hinter der Stadt da könnt ihr den Kolmberg bei Oschatz erkennen. Den sieht man von hier aus aber nur bei so klarem Wetter, wie wir das heute haben. Links davor guckt die Albrechtsburg von Meissen und rechts die doppeltürmige Kirche von Oschatz heraus. Im Mittelgrund links von Dresden, da seht ihr Windberg, Goldene Höhe und Poisenwald. Vielleicht sind eure Eltern schon mal mit euch dort gewesen, das ist ja alles nicht weit von Dresden. Wer von euch kennt denn den einzelnen Baum dort im Südosten?« fragt uns Herr B. dann.

»Das ist doch die Babisnauer Pappel«, rufe ich gleich. »Die kann man im Süden der Stadt von vielen Stellen aus sehen. Ich bin auch schon mal dort gewesen. Da gibt es auch so ein Gerüst, auf das man klettern kann. Aber einen so weiten Ausblick wie von hier hat man dort nicht.«

Auch den großen Berg, der die Form eines Pantoffels hat, kennen die meisten von uns, das ist der Wilisch bei Kreischa. Über Zschieren und Mügeln, das später Heidenau heißt, ragt der Turm des Schlosses von Weesenstein im Müglitztal. Und noch ein Stückchen weiter links zeigt uns Herr B. das Mückentürmchen. »Das ist schon in Böhmen auf dem Hang des Erzgebirges. Von dort ins Tal hinab kommt man dann nach Teplitz.«

Pirna ist mit dem Sonnenstein ganz deutlich zu erkennen, dahinter der Cottaer Spitzberg und ganz im Hintergrund der Schneeberg mit seinem Turm. Links davon sehen wir die Erhebungen der Sächsischen Schweiz. Königstein mit seiner Festung, Pfaffenstein und die Zschirnsteine. Bärenstein, Gohrisch und Papststein können wir ausmachen. Weiter links gucken hinter dem Lilienstein Wolfsberg, Zirkelstein und Kaiserkrone hervor. Der Große Winterberg ist zu erkennen, davor die Kette der Schrammsteine. Toll, was wir hier oben alles zu sehen bekommen!

Herr B. zeigt jetzt nach Nordosten. »Dort hinten seht ihr die Lausche bei Zittau. Wenn ihr genau hinguckt, dann werdet ihr im Mittelgrund auch Hohnstein erkennen mit seiner Burg. Links dahinter, das ist der Wachberg oder die Schweizerkrone. Hier gleich vor uns liegt der Triebenberg, der ist noch etwas höher als unser Borsberg. Dort erkennt ihr die Zaschendorfer Windmühle und das Schloss von Schönfeld.«

Die große Waldfläche im Nordwesten haben natürlich alle gleich als die Dresdner Heide identifiziert. Dass der hinter ihr am Horizont aufragende Berg der Keulenberg bei Pulsnitz ist, kann uns Herr B. erklären. Auch von Schloss Moritzburg sehen wir ein kleines Stück. Links davon gab es damals noch eine Windmühle, die gehörte zu Boxdorf. Und weiter nach Westen zu liegen die Hügel der Lößnitz mit Spitzhaus, Friedensburg und Bismarck-Denkmal.

»Und was ist der ganz weit hinten erkennbare spitze Kirchturm?« wollen wir wissen. Wir erfahren, das sei die Kirche von Wantewitz bei Großenhain. Damit ist nun unser Rundumblick beendet. So viel Interessantes haben wir von unserem Lehrer erfahren und damit die nähere und weitere Umgebung unserer Heimatstadt betrachten können. Wir klettern wieder von der Aussichtswarte hinunter. Auf Drängeln einiger Schüler gibt es eine kurze Rast, manche kaufen sich in der Gaststätte noch eine Limonade, während wir anderen uns auf die hier stehenden Bänke setzen und unsere mitgebrachten Frühstücksschnitten verzehren.

Dann machen wir uns auf den Heimweg. Vorbei an der »Dresdner Wiese« erreichen wir das Dorf Borsberg. Jetzt bleiben wir auf der Fahrstraße, bis wir an die Pillnitzer Ruine kommen. Hier weiß unser Lehrer wieder einiges zu erzählen.

Die Ruine im Friedrichsgrund.

Das Gemäuer wurde 1788 auf Anregung des damaligen sächsischen Königs Friedrich August des Gerechten erbaut. Es gab dort einen Speisesaal, eine Küche und eine Garderobe, die früher auch besichtigt werden konnten. Heute ist hier alles verschlossen.

Nun führt uns die Straße hinunter nach Pillnitz an die Endstation der Straßenbahn. Ein Wagenzug steht hier schon abfahrtbereit, in den wir schnell einsteigen. Aber es dauert dann noch eine Weile, bis er losfährt. Auf der uns schon von der Fahrt heute früh bekannten Strecke geht es zurück nach Johannstadt, wo wir am Sachsenplatz alle aussteigen und uns voneinander und von Herrn B. verabschieden.

Heute existiert die Gaststätte auf dem Borsberg nicht mehr, geblieben ist jedoch der weite Blick auf die Umgebung. Und wenn ich von Dresden aus nordostwärts blicke und die Erhebung des Borsberges sehe, dann erinnere ich mich gerne an unseren Schulferienausflug mit Herrn B., der nun schon so viele Jahre zurück liegt, von dem ich aber immer noch glaube, dass es erst gestern gewesen sei.

Besuch auf der Viktoriastraße

Es MUSS Ende der dreißiger, Anfang der vierziger Jahre gewesen sein, als Oma Clärchen aus ihrer für sie viel zu großen Wohnung in der Annenstraße 48 ausgezogen ist. Sie lebte jetzt zusammen mit ihrer etwas jüngeren Schwester Dora in einer Wohnung Viktoriastraße 3. Das war das vierstöckige Eckhaus am Abzweig der Bankstraße. Ich habe sie auch dort oft und gerne besucht. Jetzt war allerdings mein Weg von Johannstadt zu ihr ein anderer als in die Wilsdruffer Vorstadt. Ich lernte bei dieser Gelegenheit ein mir bisher noch nicht so gut bekanntes Stadtviertel Dresdens kennen.

Wenn ich die Straßenbahn benutzte, wie das meistens der Fall gewesen ist, dann fuhr ich mit der Linie 1 oder 16 von der Gerokstraße los. Ich stieg an der Haltestelle Elisenstraße ein, die sich damals vor dem hier befindlichen Kino »National« an der nordöstlichen Ecke der Kreuzung befand. Die Gegenbahn hielt an der südwestlichen Ecke kurz vor der Elisenstraße, dort, wo sich bis vor kurzem noch eine Litfasssäule befand.

Zum Eingang des damals ziemlich modernen Lichtspieltheaters, das die Eltern mit mir manchmal am Wochenende besucht haben, führte ein kleiner Durchgang im Hause. Vorne an der Straße gab es einen Laden, der »Organisationsbedarf« verkaufte. Darunter verstand man damals Uniformen und Ausrüstungsgegenstände für die nationalsozialistischen Organisationen, also z. B. für Hitlerjugend oder SA.

Doch da kam schon aus östlicher Richtung der Gerokstraße, wo sich auch heute noch das Postamt 16 befindet, ein Zug der Linie 1. Damals waren sämtliche Wagen der Dresdner Straßenbahn von hellgelber Farbe. Sie fuhren auch fast alle noch mit Schaffner, wobei schon vielfach Frauen diesen Dienst ausübten. Es war ja bereits Krieg und viele männliche Schaffner mussten Soldat sein.

Durch die Gerokstraße und über den Güntzplatz erreichten wir die Sachsen-Allee. Damals gab es hier zwei Haltestellen. Die eine lag für die über die Albertbrücke verkehrenden Linien 3, 5, 14 und 26 in Höhe des Sachsenplatzes. Kurz vor diesem bog aber die Linie 1 schon nach links in die belebte Marschallstraße ein. Noch vor der Lothringer Straße gab es einen Halt. Wir passierten jetzt zur Linken das mächtige Gebäude des Amtsgerichtes, kreuzten die zum Terrassenufer, das damals Ludendorffufer hieß, verlaufenden Schulgut- und Rietschelstraße bis unser Wagenzug erneut hielt. Gerichtsstraße nannte sich diese Haltestelle. Noch vor der von der Ziegelstraße zur Elbe führenden kurzen Steinstraße stand etwas abgesetzt von der Marschallstraße rechts in einem großen Hof die 10. Volksschule. Und auf der linken südlichen Seite der Marschallstraße kamen wir an der Konditorei Eichler vorbei. Der Sohn des Inhabers war ein Klassenkamerad von mir in der Oberrealschule Johannstadt.

Dann hatten wir einen verkehrsreichen Platz erreicht. Marschall-, Pillnitzer-, Amalienstraße und Moritz Ring, Zeughausstraße sowie Hasen- und Elbberg trafen hier aufeinander. Es war der ehemalige Amalienplatz, der später Rathenau- und im Dritten Reich dann Schlageterplatz hieß. Vorbei am Gebäude der

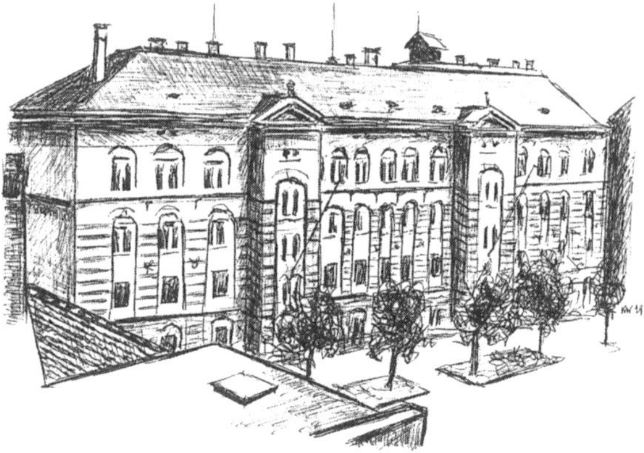

Die 10. Volksschule in der Marschallstraße.

Reichsbank ging unsere Fahrt über den Moritz Ring zum Pirnaischen Platz. Südlich dieser ebenfalls einen Verkehrsknotenpunkt darstellenden Anlage hieß die Fortsetzung vom Moritz Ring dann bis zum Rathausplatz Maximilians Ring. In Höhe des Rathauses schwenkte die Bahn nun in den in Ost-West-Richtung verlaufenden Friedrichs Ring. Von hier aus wie auch schon an der Ostseite des Rathauses betrachtete ich mir die vor den Eingangspforten stehenden bronzenen Löwenpaare. Es waren Werke des Künstlers Georg Wrba, von dem auch der am Ratskellereingang in der Ecke Kreuzstraße aufgestellte Rathausesel stammt. Von den Rathauslöwen sind heute nur noch die beiden vor der Goldenen Pforte an der Ostseite des Gebäudes stehenden Plastiken erhalten.

Der Friedrichs Ring trug von der Höhe der rechts stehenden Evangelisch- Reformierten Kirche an bis zur Kreuzung mit der Seestraße den schlichten Namen Ringstraße. Zur Linken passierten wir unter anderem das Fotogeschäft von Emil Wünsche. Vater ließ hier seine Fotos bearbeiten. Wenn er mich manchmal dorthin mitnahm, dann hat es mich immer fasziniert, dass man den Laden von der Ringstraße aus betreten und nach der Waisenhausstraße zu verlassen konnte. Die Straßenbahnen verkehrten übrigens hier auch getrennt in beiden Richtungen. Von Ost nach West durchfuhren sie Ringstraße und Friedrichs Ring, von West nach Ost aber die Waisenhausstraße.

Vor der Seestraße hieß es für mich auszusteigen. Um das Viktoriahaus herum lief ich in die Waisen-

Der »Rathausesel« von Georg Wrba.

hausstraße. Gegenüber reizte es mich meistens, mir die vielen Auslagen in den Schaufenstern des Kaufhauses REKA zu betrachten. Da gab es immer Interessantes zu entdecken. Vorbei an den beiden großen Filmtheatern UT und UFA spazierte ich durch die Waisenhausstraße, um dann schon nach wenigen Schritten in die nach Süden abbiegende Viktoriastraße einzuschwenken. Nun war ich gleich am Ziel. Zur Rechten ein Schokoladengeschäft und der Laden der Elektrofirma Klotzsche und Reichenbach, mit der Vater geschäftlich zu tun hatte. Gegenüber, dort wo sich die Viktoriastraße gabelt, um in südwestliche Richtung zum Ferdinandplatz weiter zu führen, während nach Südosten die Bankstraße verläuft, war das Eckhaus Nr. 3. Hier wohnte Großmutter. Im Erdgeschoss hatte Gardinen-Neumann eine seiner Stadtfilialen.

Vom Innern des Hauses, in dem ich nun drei Stockwerke hoch steigen musste, habe ich keine Vorstellung mehr. Dunkel erinnere ich mich aber noch, dass es in den unteren Etagen wohl Büros von Rechtsanwälten gegeben hat. Dagegen sind mir die Ausblicke aus den Fenstern von Großmutters Wohnung noch sehr gut in Erinnerung. Sie hatte die Eckwohnung, so dass man sowohl nach Westen in Richtung auf die Prager Straße als auch nach Norden zum Rathaus hin schauen konnte. Annenkirche, Sophienkirche, Schloss, Kreuzkirche und Rathaus waren mit ihren Türmen gut zu sehen. Die Kuppel der Frauenkirche wurde allerdings vom Rathaus ziemlich verdeckt. Dieses trug auf dem zum Friedrichs Ring gerichteten Flügel damals noch den schönen Dachreiter, der nach der Zerstörung durch die Bomben des 13. Februar 1945 beim Neuaufbau nicht wieder hergestellt worden ist. Gerne habe ich hier an Großmutters Fenstern gesessen und mir die Stadt mit dem Opernglas eingehend von oben betrachtet.

Es sollte Großmutters letzte Wohnung sein. Das Haus wurde beim ersten Angriff am 13. Februar schwer getroffen. Die Hausbewohner mussten fliehen. Oma Clärchen hat sich mit ihrer Schwester in die Kreuzkirche begeben, wo sie der zweite Angriff überraschte. Ihre Schwester fand sich am Morgen des 14. Februar rauchblind auf dem Altmarkt wieder, Großmutters Spur hat sich in der Kreuzkirche verloren, wo sie offensichtlich erstickt oder verbrannt ist. Und von den Häusern ihres letzten Wohnsitzes ist nichts mehr erhalten geblieben. Nach Beräumung der Trümmer, als das Viertel südlich des Rathauses lange Zeit eine große weite Fläche war, ließ sich allerdings der Verlauf der Viktoriastraße mit dem Abzweig der Bankstraße noch als Trampelpfad bzw. später als Wiesenweg erkennen. Inzwischen ist diese Gegend bebaut und nur wer das Areal südlich der Schulgasse von früher her gekannt hat, kann sich vorstellen, wie es hier einmal ausgesehen hat.

Wenn ich nach einem Besuch bei Oma Clärchen wieder nach Hause wollte, bin ich meistens die Waisenhausstraße in östlicher Richtung bis zum Georgplatz gelaufen. Vorbei am Kaufhaus Böhme an der Einmündung der Bürgerwiese traf ich dort auf die Haltestelle. Gut erinnern kann ich mich noch an den im Häuserblock zwischen Georgplatz und Friedrichs Ring befindlichen großen Buchladen. Oft habe ich mir seine Schaufensterauslagen betrachtet, wenn ich auf meine Bahn der Linie 1 oder auch 16 warten musste, die mich wieder in heimatliche Gefilde nach Johannstadt gebracht haben.

Schlittschuhlaufen auf dem Neuteich

IM WINTER bin ich als Kind gerne Schlittschuh gelaufen. Dafür gab es in Dresden zahlreiche Gelegenheiten. Die nächstgelegene Eisbahn war für mich der Neuteich im Großen Garten. Manchmal bin ich aber auch zur Lennèstraße gegangen. Dort befanden sich an der Ecke zur Bürgerwiese mehrere Tennisplätze, die im Winter als Eisbahn genutzt wurden. Aber schneller war ich von unserer Wohnung in Johannstadt doch im Großen Garten. Auf dem Neuteich fand ich die Umgebung auch romantischer, da war ja die Eislauffläche ringsum von Bäumen und Sträuchern umstanden.

Wenn ich nach dem Mittagessen meine Schularbeiten gemacht hatte, zog ich mich warm an, schnappte mir meine Schlittschuhe und ließ mir von Mutter die zehn oder zwanzig Pfennige in die Hand drücken, die als Eintrittsgeld auf die Eisbahn verlangt wurden. Dann zog ich los. Meist stiefelte ich durch die Wintergartenstraße bis zur Stübel-Allee, lief hier in östlicher Richtung am Großen Garten entlang und überschritt die Querallee, von der aus man rechts das in der Mitte des Großen Gartens stehende Palais sieht. Die beiden Fahrbahnen der Stübel-Allee sind ja durch einen baumbestandenen Grünstreifen getrennt. In dessen Mitte gab es damals neben dem Fahrradweg auch einen Reitweg. Wenn ich Glück hatte, dann sah ich dort auch manchmal einen Reiter.

Nun war es gar nicht mehr weit, bis mich ein kleiner Weg nach rechts zum Neuteich brachte. Der sich zwischen Stübel- und Herkules-Allee hinziehende nierenförmige Neue Teich, wie er eigentlich heißt, wird an seiner westlichen Seite von leicht hügeligem baumbestandenen Gelände begrenzt, am Ostufer erstrecken sich Wiesen. Meine Schlittschuhe trug ich an einem Lederriemen, mit dem sie zusätzlich zu den Schraubzwingen an den Schuhen befestigt wurden. Damals besaßen nämlich nur wenige richtige Eislaufschuhe, an deren Sohlen die Schlittschuhe fest angearbeitet waren.

Am östlichen Ufer das Neuteiches stellte man im Winter eine kleine Holzbaracke auf. Hier wurde das Eintrittsgeld kassiert. Im Raum oder auf den draußen stehenden Holzbänken konnte man sich die Schlittschuhe mit einem Vierkantschlüssel anschnallen. Für kleinere Kinder machte das auch der hier tätige Platzwart, wenn er darum gebeten wurde. In der Bretterbude war Gelegenheit, sich bei einem Glas heißen

Eisbahn auf dem Neuteich.

Tee oder Glühwein aufzuwärmen, wenn es draußen zu kalt wurde. Aber wir Jungen kamen meist erhitzt in die Wärmestube, nachdem wir unsere Runden auf dem Eis gedreht hatten. Da war das nicht nötig. Manchmal klang auch Musik über die Eisfläche. Dann konnte man sich zu den Klängen des Schneewalzers oder anderer Schlittschuhläufer-Musik auf dem Eis tummeln. Der Platzwart stellte seine über einen Lautsprecher ausgestrahlte Grammofon-Musik aber meist nur am Nachmittag an, wenn viele Läufer auf dem Eis waren.

Unermüdlich habe ich dort meine Runden gedreht, wobei es mich im Anfang auch oft hingestreckt hat. Aber mit der Zeit lernte ich doch gut über das Eis zu gleiten. In der südwestlichen Ecke des Neuteiches da gibt es eine kleine Bucht. Dort sah man oft Jungen, die Eishockey spielten. Allerdings ging das nicht gerade professionell vor sich, was die Ausrüstung betraf. Spazierstöcke, die sie von zu Hause mitgebracht hatten oder auch nur starke Äste, welche die Jungen in der Umgebung des Neuteiches aufgelesen hatten, mussten die Eishockeyschläger ersetzen. Und die Tormarkierungen das waren provisorisch aufs Eis gelegte Gegenstände. Dafür war die Begeisterung, mit der hier ans Werk gegangen wurde, um so größer und oftmals auch lautstark. Hin und wieder zeigten auch erfahrene Eisläufer oder Eisläuferinnen ihre Künste im Einzel- oder Paarlauf. Da wurden Pirouetten gedreht und Sprünge hingelegt, die ich niemals zu Wege gebracht hätte. Auf der am westlichen Rand des Neuteiches gelegenen kleinen Anhöhe stand eine Bank. Dort gab es oft Zuschauer, die sich das lebhafte Treiben von Jung und Alt auf dem Eis interessiert betrachteten.

Es waren schon schöne Stunden, die ich dort verlebt habe. Oftmals traf ich mich auch mit Klassenkameraden, dann hatten wir stets viel Spaß und die Zeit verging uns wie im Fluge. Wenn ich dann am späten Nachmittag mit roten Wangen und meist auch hungrig zu Hause ankam, dann konnte ich den Eltern mit Begeisterung erzählen, dass es heute wieder wunderschön gewesen ist und dass es mich nicht ein einziges Mal hingestreckt hat.

Wie man es in Dresden sagt

SO MANCHE Städte bzw. Landschaften haben sprachliche Eigenarten hervorgebracht, die oftmals nur ihren Bewohnern eigen sind. In bescheidenem Umfang gilt das auch für Dresden. Wenngleich es nur einzelne Worte sind, die vorwiegend hier anzutreffen sind und nicht etwa solche ganze Satzbildungen, wie sie beispielweise in dem von der ehemaligen k. und k. Monarchie geprägten »Prager Deutsch« vorkommen. Dem Autor liegt es fern, hier etwa eine wissenschaftlich exakt fundierte Sprachanalyse vorzulegen. Es sind einfach Worte, die ihm besonders »Dresdentypisch« erscheinen, was nicht ausschließt, dass sie auch im Umland der sächsischen Landeshauptstadt verwendet oder zumindest verstanden werden.

Solche Wendungen und Begriffe sind mir von meiner Kindheit an in den verschiedensten Bereichen aufgefallen. Noch ist mir gewärtig, dass mich Mutter nicht etwa zum Einkaufen, sondern (und jetzt liegt die Betonung stark auf der zweiten Silbe!) zum »Herzu-holen« schickte. Am Nachmittag »ditschte« ich mit Vorliebe meinen »Einback«, den im Gegensatz zum Zwieback nur einmal gebackener Teig, in den »Bliemchenkaffee«. Sonntags gab es auch mal Napfkuchen, der hieß aber hier »Bäbe«, und aus der bekannten Dresdner Eierschecke wurde einfach »Schecke«. In die Schule und für unterwegs bei Ausflügen bekam ich »Bemmen« mit, also mit Wurst oder Käse belegte Brotschnitten. Wenn Mutter Mittagessen kochte, dann musste sie dazu manchmal eine »Einbrenne« machen. Sauer gewordene Milch, die war »gemeddelt«.

Als ich noch sehr klein war und nicht von selbst auf einen Stuhl klettern konnte, setzte ich mich auf eine »Hitsche«, wie hier die Fußbank genannt wird. Wenn wir als Jungen Fußball spielten, da hieß das »bäbbeln«. Das gegenseitige Tauschen von Briefmarken oder Zigarettenbildchen nannten wir »kaupeln«. Fragte mich mein Freund, ob ich diese oder jene Marke schon besäße, dann bestätigte ich ihm das mit »Nu, nu!«. Ich ließ mir dafür lieber einen »Mohler« geben, wie wir Bonbons nannten. Die großen Zuckerstangen am Holzstiel, das waren unsere »Stundenlutscher«. Manche Klassenkameraden besaßen zu Hause ein Aquarium mit Fischen. Für die mussten in Bächen oder Teichen von Dresdens Umgebung »Sahnepiepen« als Futter gefangen werden. Manchmal war es dazu nötig, bei den Wanderungen vom kürzesten Weg abzuweichen. Da machte man eben einen »Umbogen«.

Zu Hause lasen die Eltern die »Alte Tante«, wie die Dresdner Nachrichten im Volksmund hießen. Und war es nötig, in Abständen die Hausordnung zu versorgen. dann wurde »die Treppe gemacht«. Das Bügeln der Wäsche heißt hier »Plätten«. Ab und zu musste auch auf die »Rolle« gegangen werden, wie in Dresden das Mangeln genannt wird. Begegnete ich auf der Straße dem schwarzen Mann in Gestalt des Schornsteinfegers, dann war das für mich der »Feuerrüpel«. Manchmal traf ich auch einen »Wohlfahrter«, wie wir die Angehörigen der damals existierenden und auf sozialem Gebiet tätig werdenden Wohlfahrtspolizei im Gegensatz zu »Schupo« und »Sipo«, den Männern der Schutz- und der Sicherheitspolizei nannten.

Sprachliche »Spezialausdrücke« gab und gibt es auch noch für zahlreiche Örtlichkeiten in unserer Stadt. Da werden die Wartehallen der Dresdner Straßenbahn auf Post- und Albertplatz wegen ihres Aussehens als »Käseglocken« bezeichnet. Die Kuppel über dem Gebäude des Sächsischen Kunstvereins an der Brühlschen Terrasse, das ist die »Zitronenpresse«. Im Krieg wurde das Narrenhäusel am Neustädter Markt leider zerstört, es hieß die »Brille«. Und der westliche Dresdner Stadtteil Cotta wird im Volksmund »Frosch-Cotte« genannt. Die vielen in der alten Webergasse anzutreffenden Lebensmittelgeschäfte und Restaurationen verhalfen diesem Straßenzug zum Namen »Fressgasse«. An der Ecke von Altmarkt und Johannstraße fand sich im ersten Stock das »Café Handtuch«, dessen volkstümlicher Name sich aus seinem langen schmalen Raum ableitete. Das Germania-Denkmal, in der Mitte des Altmarktes stehend, wurde bei seiner Einweihung Ende des vorigen Jahrhunderts von der Bevölkerung »Zinsgroschen-Marie« getauft, weil im Verlauf des 1870/71 errungenen Sieges über Frankreich, an den es erinnern sollte, dieses Land viele Reparationsleistungen an Deutschland zu zahlen hatte.

Gut ließ es sich bei Kaffee und Kuchen im »Fischel-Café« auf der Schlossstraße aushalten, dessen Raum durch viele hier aufgestellte Aquarien geteilt wurde. Gar nicht weit entfernt davon gab es die »Abzuchten«, eine namenlose schmale und in keinem Stadtplan benannte Gasse parallel zur Schlossstraße verlaufend. Übigau, der am nordwestlichen Elbebogen gelegene Stadtteil, einstmals vom dort betriebenen Gemüseanbau geprägt, wird als »Kohlrabi-Insel« bezeichnet. Zahlreiche in den Gründerjahren errichtete Wohnhäuser, vornehmlich solche an Straßenkreuzungen, tragen turmähnliche Aufbauten. Die werden hier »Hypotheken-Türmchen« genannt.

Auf dem Weg vom Stadtzentrum zur Johannstadt kam man an der »Mathilde« vorbei, dem alten Gefängnis in der Nähe des Holbeinplatzes an der Mathildenstraße gelegen. In der Blumenstraße gab es das stadtbekannte Ballhaus von »Binder-Ernst«, in dem der geschäftstüchtige Inhaber der Blumensäle für Unterhaltung sorgte. Spazierte man von hier an die Elbe, kam man zu »Antons«, einer beliebten Badeanstalt an dem einst für den Steuerrat Anton erbauten Gebäude.

Gleich hinter dem Hauptbahnhof thront die »Muschel-Minna« am Bayrischen Platz. Das ist der Marie-Gey-Brunnen, eine auf einer Muschel stehende Aphrodite. In Löbtau gab es die »Sieche«, das Alters- und Pflegeheim an der Löbtauer Straße. Und die Ortskrankenkasse fand man am »Sterner«, wie der Sternplatz in der Wilsdruffer Vorstadt von uns kurzerhand genannt wurde. Die Neustadt kann man über eine der fünf Dresdner Elbbrücken erreichen, etwa über die Carola-Brücke, die auf altstädter Seite gleich hinter dem Rathenauplatz beginnt. Wegen der mehrfachen Namen, die dieser Platz im Laufe der Zeiten tragen musste, er hieß zunächst Amalien-, dann Rathenau- und schließlich im Dritten Reich Schlageterplatz, verpassten ihm die Dresdner den aus den Anfangsbuchstaben gebildeten wenig respektvollen »A-R-Sch«. Man kann natürlich auch nach der anderen Elbseite übersetzen. Dazu benutzt man eine der zahlreichen »Überfähren«. Und von Radebeul aus zuckelt man noch heute mit der »Lößnitz-Dackel« genannten Kleinbahn nach Moritzburg.

Die »Muschel-Minna«, der Marie-Gey-Brunnen.

Der Name »Hecht« hat in Dresden gleich dreifache Bedeutung: Das ist neben dem Fisch die Bezeichnung für das Viertel um die Hechtstraße im Norden der Neustadt wie auch für den Typ der in den dreißiger Jahren in Dienst gestellten damals sehr modernen Straßenbahnwagen. Zeitweilig verkehrten auch Wagenzüge, die wir wegen der zwischen ihren einzelnen Segmenten bestehenden beweglichen Übergänge als »Ziehharmonikas« bezeichneten. Im Stadtbild konnte man manchmal die »Grüne Minna« sehen, in denen die Polizei Verhaftete transportierte. Und wenn sich Wandergruppen zum Ausflug auf dem

Hauptbahnhof »unterm Strick« verabredeten, dann wussten die Dresdner, dass damit die Kuppelhalle gemeint war, aus deren Mitte früher einmal ein Stück Seil herunterhing, das wohl zum Anzünden der einstmals dort angebrachten Gaslampe gedient hatte.

Die angeführten Beispiele sollen zur Charakterisierung dieses »Dresdner Deutsch« genügen.

»Sie brauchen doch deswegen keene solche »Mährde« zu machen«, sagen Sie als alter Dresdner jetzt vielleicht. »Solche Spezialausdrücke hat doch fast jede Gegend. So etwas beschränkt sich nicht nur auf Dresden.« Das mag durchaus stimmen. Aber hier, in meiner Heimatstadt, fällt es mir besonders auf und deswegen habe ich es einmal niedergeschrieben.

Schulwanderung zum Finkenfang

»MORGEN IST unser diesjähriger Frühlingswandertag«, hatte unser Lehrer an der 18. Volksschule gesagt. »Ich werde mit euch zum Finkenfang bei Maxen wandern, den kennen bestimmt viele von euch noch nicht. Da könnt ihr allerhand lernen«.

Ich freute mich sehr darauf. Schon zweimal hatten wir solche Schulausflüge unternommen und die hatten mich immer begeistert. Wusste Herr B. doch unterwegs immer so viel Interessantes zu erzählen und zu sehen gab es auch viel Neues. Am Finkenfang waren die Eltern mit mir noch nicht gewesen, obwohl ich den Namen dieser Örtlichkeit schon mehrfach gehört hatte. Herr B. würde uns sicherlich alles genau erklären können. Ob es dort wirklich Finken zu fangen gibt?

Wir treffen uns frühmorgens auf dem Hauptbahnhof, um zunächst mit einem auf dem oberen Bahnsteig startenden Zug in Richtung Pirna zu fahren. Herr B. hat schon für uns die Fahrkarten gelöst, als wir schließlich alle beisammen sind. Ich bin von unserer Wohnung in Johannstadt mit der Straßenbahnlinie 26, der Rundbahn, gekommen. Unterwegs habe ich schon einige Klassenkameraden getroffen. Die meisten von uns tragen auf dem Rücken einen kleinen Rucksack, andere haben Brotbeutel oder nur die Frühstücksbrottasche umhängen, mit der ihnen die Mütter auch täglich die Pausenbrote in die Schule mitgeben. Bernhard hat an seinem Brotbeutel sogar eine Feldflasche angeschnallt, wie sie die Soldaten tragen. Die habe sein Vater aus dem Krieg mitgebracht, meint er ganz stolz. Jetzt hat er bestimmt Limonade drin, die er so gern trinkt.

Über Strehlen, Reick und Niedersedlitz haben wir bald Heidenau erreicht. Hier müssen wir in die Müglitztalbahn umsteigen. Das ist eine Kleinbahn, die bis nach Geising-Altenberg ins Erzgebirge verkehrt. Auf der über 36 km führenden Strecke, die in zwei und einer halben Stunde bewältigt wird, überwindet sie einen Höhenunterschied von 469 Meter und passiert dabei 34 Brücken, weiß Herr B. zu berichten. Während der Fahrt erklärt er uns die vorbeiziehende Landschaft des Müglitztales. Wir sitzen in zwei benachbarten Abteilen, alle Schüler können also gut hören, was er uns erzählt.

»Wenn ihr mal nach rechts schaut, dann könnt ihr jetzt den Lugturm sehen. Dieser Aussichtsturm steht auf 208 Meter Höhe südlich der Ortschaften Luga und Gommern. Und wenn ihr nach links blickt, was könnt ihr da sehen?« fragt er uns. »Die Sächsische Schweiz«, ruft Bernhard. »Ich sehe den Lilienstein, da sind meine Eltern schon mit mir oben gewesen.«

Links der Gleise fließt uns die Müglitz entgegen. Sie führt ziemlich viel Wasser. Unser Lehrer meint, im Erzgebirge sei ja seit einigen Wochen die Schneeschmelze eingetreten, jetzt fließt alles ins Tal zur Elbe herunter, in der zur Zeit auch viel Wasser ist. Wir nähern uns nun einer größeren Ortschaft.

»Wir kommen jetzt nach Dohna«, erfahren wir von Herrn B. Das sei ein altes Städtchen, die heute noch stehende Kirche stamme aus dem 13. Jahrhundert. Und auf dem Schlossberg, um den sich die Häuser des Städtchens malerisch gruppieren, gäbe es noch Überreste der Ringmauer einer ehemaligen Burg, die aber schon 1401 zerstört worden wäre.

»Wenn ihr jetzt wieder aus dem rechten Fenster schaut, dann seht ihr dort das Rittergut und Schloss Gamig. Der mit Laubwald bestandene Talhang rechts wird »Schnarrkieke« genannt.« Interessant, was unser Lehrer so alles weiß!

Über den Haltepunkt Köttewitz haben wir dann Weesenstein erreicht. Hier gibt es das wunderschön gelegene Schloss, das auf einem schroff aufsteigenden Felsen liegt. In weiten Kurven wird es von der Müglitz umzogen. Obwohl wir heute nicht dort aussteigen werden, erklärt uns Herr B. so manches über diesen Bau. Sein ältester Teil stamme aus dem 10. Jahrhundert. Unten bestehe der mächtige Turm aus behauenem Felsen, der selbst in der hochgelegenen Schlosskapelle bis unter das Dach reiche. Die Keller lägen hier im fünften, ein ehemaliger Lagerraum für Eis im sechsten und die Pferdeställe im dritten Geschoss, erfahren wir. Früheste nachweisbare Besitzer seien die Burggrafen von Dohna gewesen. Nachdem Markgraf Wilhelm von Meißen das Schloss 1401 erobert hat, verlieh er das Besitztum an die Familie von Bünau, der es bis 1780 gehört hat. 1830 erwarb es der sächsische König Anton vom nächsten Besitzer, einer Familie von Uckermann. Später hat es auch König Johann gehört, der oftmals hier gewesen sei. Wir hatten wieder allerhand Neues aus der nahen Umgebung unserer Heimatstadt erfahren.

Inzwischen hat unsere Schmalspurbahn die Haltestelle Burkhardswalde-Maxen erreicht. »Alle aussteigen, jetzt geht es zu Fuß weiter«, ruft unser Lehrer. Auf dem Bahnsteig zählt er nochmal alle seine Schäfchen. Wir sind vollständig, niemand ist im Zug zurück geblieben.

Wir biegen jetzt im Müglitztal nach rechts ab und steigen auf der Winterleite westwärts den Hang hinauf. Vorbei an interessanten Kalkbrüchen und dem Scheerberg erreichen wir die Ortschaft Maxen. Hier gibt es das herrschaftliche Schloss und eine Kirche, deren Altar und Kanzel aus dem 16. und 17. Jahrhundert stammen. Wir gehen aber daran vorbei, unser Ziel ist ja der Finkenfang.

Jetzt möchten wir aber doch endlich wissen, wie er

Schloss Weesenstein im Müglitztal.

zu seinem Namen gekommen ist und ob hier wirklich Finken gefangen werden. Herr B. kann uns aufklären.

»Der Finkenfang hat diesen Namen, weil hier am 21. November 1759 im Krieg zwischen Österreich und Preussen der preussische General von Fink mit seinen Soldaten von den Österreichern gefangen genommen worden ist«, erfahren wir. Es war also nichts mit dem Vogelfangen, wie wir erst angenommen hatten. Durch Aufschüttung ist die ursprünglich hier befindliche kleine Bergkuppe zu einem Plateau erweitert worden, auf dem sich jetzt eine Gastwirtschaft befindet. Wir lassen uns in ihrem Garten an den hier stehenden Tischen und Bänken zur Rast nieder. Dann packen wir unsere Wanderverpflegung aus, die wir von zu Hause mitbekommen haben.

Einige meiner Klassenkameraden bestellen sich bei der jetzt erscheinenden Kellnerin eine Limonade oder ein Glas Milch. Bernhard hat das natürlich nicht nötig. Er greift jetzt zu seiner Feldflasche. Großzügig lässt er seinen neben ihm sitzenden Klassenkameraden auch einen Zug nehmen. Herr B. weiß uns unterdessen noch zu berichten, dass hier im Garten der Wirtschaft, die es damals natürlich noch nicht gegeben hat, die Hauptbatterie des von Finkschen Korps gestanden hat. Und zwar dort, wo sich jetzt die Linde befindet.

Nachdem wir uns genügend ausgeruht und unsere mitgebrachten Brote verzehrt haben, führt uns unser Lehrer noch auf den hier stehenden Turm. Was für eine prächtige Aussicht bietet sich uns doch von hier! Nach Osten übersieht man die gesamte Sächsische Schweiz. Lilienstein und Königstein mit seiner Festung, die Schrammsteine, die beiden Winterberge, Gohrisch, Papst- und Pfaffenstein, Zschirnstein und

Schneeberg, alles liegt deutlich vor uns. Im Norden die Elbtalweitung bei Dresden, die Höhen der Lößnitz, Babisnauer Pappel und Goldene Höhe, im Westen Windberg, Lerchenberg und Wilisch, im Süden die Schlossruine Frauenstein, der Geising, in Böhmen das Mückentürmchen, auf alles weist unser Lehrer hin. Denn von allein hätten wir das noch nicht erkannt. Und immer wieder entdecken wir Neues in der Nähe oder Ferne und fragen, was das wohl sei.

So ein Ausflug ist wirklich etwas Wunderbares, da lernen wir die Umgebung unserer Heimatstadt viel besser kennen, als das im Klassenzimmer beim Erdkundeunterricht möglich ist.

»Nun habt ihr aber genug gesehen. Wir haben schließlich noch den Heimweg vor uns. Jetzt steigen wir wieder hinunter«, mahnt Herr B. Durch die Kroatenschlucht führt er uns in westlicher Richtung nach der Ortschaft Burg. Dann wandern wir im Lockwitztal nach Norden. Unendlich lang erscheint uns das Dorf Lungkwitz beiderseits der Talstraße. Endlich haben wir Kreischa erreicht. Nun sind wir aber ganz schön müde auf den Füßen. Doch jetzt ist auch Schluss mit dem Laufen. Hier erwartet uns nämlich schon die Lockwitztalbahn, eine Straßenbahn, die uns bis nach Niedersedlitz bringt. Von dort aus können wir mit den Bahnen der Linien 15 oder 19 nach Hause fahren. An der Endstation steht schon abfahrtbereit eine 15, in die wir alle einsteigen. Über Pirnaer Landstraße, Bodenbacher Straße und Stübel-Allee bringt sie uns bis zum Stübelplatz. Von dort ist es dann zu Fuß nicht mehr weit bis zu den elterlichen Wohnungen in Johannstadt.

Dieser Wandertag war wirklich für alle wieder ein wunderschönes Erlebnis.

Wieviel Kinos gab es in Dresden?

WIR HATTEN mit unserer Klasse der Oberrealschule Dresden-Johannstadt wieder einmal eine Filmveranstaltung in den Fürstenhof-Lichtspielen auf der Striesener Straße besucht. Während wir uns auf dem Heimweg noch über den Film unterhielten, sagte Herbert, er habe diesen schon einmal in einem anderen Kino Dresdens gesehen. Irgendwie kamen wir bei unserem Gespräch darauf, dass es eigentlich in unserer Heimatstadt sehr viele Kinos gäbe. Wie viele das wohl sein mögen, diese Frage stand plötzlich im Raum.

»Ich denke, mindestens dreißig«, sagte Eberhard. »Das langt bestimmt nicht, ich würde sagen, es sind über fünfzig«, meinte ich.

Wir wurden nicht einig, etliche Schulkameraden sagten, das wäre noch zu wenig. »Fragen wir doch mal unseren Klassenlehrer, der weiß das bestimmt!«

Als wir Dr. S. daraufhin ansprachen, meinte er, das könne er auf Anhieb auch nicht sagen. »Aber das bekommen wir bestimmt heraus. Wir werden uns in der nächsten Stunde darüber unterhalten.«

Dr. S. war ein sehr erfahrener Pädagoge. Das zeigte sich jetzt wieder, als er uns am nächsten Tag vorschlug, diese Frage mal gründlich zu untersuchen.

»Ich würde sagen, in den nächsten acht Tagen versucht jeder von euch, möglichst viele Dresdner Lichtspieltheater ausfindig zu machen. Sprecht auch mit euren Eltern darüber und notiert euch, was ihr in Erfahrung bringen könnt. Vielleicht kennen die auch noch Kinos, die es heute gar nicht mehr gibt. Schreibt das alles mit auf. Wir wollen es aber nicht nur bei den Namen der Kinos belassen. Ihr müsst euch auch erkundigen, wo sie sich befinden. Vielleicht könnt ihr auch ermitteln, seit wann sie bestehen, wer sie gebaut hat und was es sonst noch für Besonderheiten darüber zu wissen gibt. Das soll also eine größere Hausaufgabe sein. Einer von euch fasst dann alle Angaben in einer Liste zusammen. Ich bin der Meinung, das macht Walter Schmidt. Wir werden das Ergebnis in einer Woche gemeinsam auswerten.«

Jetzt hatten wir es! Aus unserer Frage war gleich eine Hausaufgabe geworden. Aber die interessierte uns schon mehr, als irgend ein Aufsatz über das Nibelungenlied oder über Goethes Faust. Es wurde jedenfalls von allen Klassenkameraden jetzt eifrig geforscht und viel Material zusammengetragen. Walter bekam mächtig zu tun, denn viele der bekanntesten Dresdner Kinos wurden von mehreren Klassenkameraden genannt und jetzt musste aussortiert werden, denn Doppelzählungen durften nicht vorkommen.

Als wir die entstandene lange Liste unserem Klassenlehrer vorlegten,da sagte er:

»Na ja, ihr seid ganz schön fleissig gewesen. Aber die Namen der Kinos stehen doch wie Kraut und Rüben durcheinander. Da müsst ihr noch eine Ordnung reinbringen. Nach welchen Gliederungspunkten liesse sich denn das Ganze in eine sinnvolle Folge bringen?«

Wir überlegten und es kamen verschiedene Vorschläge: Nach Namen, dem Jahr der Entstehung, dem Gründer oder Erbauer, der Straße, wo sie sich befanden usw. Bis uns Dr. S. darauf hinwies, dass es schon ein Kriterium sein müsse, das wir bei allen genannten Kinos antreffen.

»Das Gründungsjahr oder den Erbauer habt ihr ja nur bei einigen wenigen Lichtspieltheatern ermitteln können. Das lässt sich also nicht verwenden.«

Es blieben demnach nur die Namen oder die Straßen übrig.

»Ich schlage euch vor, ihr ordnet die lange Liste der Dresdner Kinos nach ihren Namen. Sollte ein Name zweimal vorkommen, dann müsste das nächste Ordnungsmerkmal die Straße sein. Alles natürlich in alphabetischer Reihenfolge aufgeschrieben.«

Nun gab es wieder viel Arbeit für uns. Aber wir waren doch alle sehr bei der Sache. Und was herausgekommen ist, das sah so aus:

- Astoria, Leipziger Straße 58
- Campanello-Theater, Freiberger Str. 37 /Ecke Freiberger Platz.
- Capitol, Prager Straße 31, gegründet 1925
- Dedrophon-Theater, Wettiner Straße 34, seit 1906 bestehend
- Drei-Kaiser-Hof, Tharandter Straße 2
- Faunpalast, Leipziger Straße 76
- Fü-Li (Fürstenhof-Lichtspiele), Striesener Straße 32
- Gloria-Palast, Schandauer Straße 11
- Goldenes Lamm, Leipziger Straße 220
- Hansa, Görlitzer Straße 18
- Hebbel, Hebbelstraße 10
- Imperial-Theater, Moritzstraße, hier gab es übrigens eine Rolltreppe
- Kinematograph Gg. Hermann, Gr. Brüdergasse 19
- Kosmos, Alaunstraße 28

- Lichtspiele Freiberger Platz 20
- Lichtspiele Großenhainer Straße 146
- Li-Mu (Musenhalle), Kesselsdorfer Straße
- MS-Lichtspiele (ab 1938 hieß es Scala), Moritzstraße 10
- National, Gerokstraße 27
- Olympia, Dohnaer Straße 57, 1936 gegründet
- Olympia-Tonbild-Theater, Altmarkt 13
- Park-Lichtsp., Bautzner Landstraße 6
- Prinzess, Prager Straße 52, 1916 gegründet
- Regina, Augsburger Straße 12
- Regina, Waisenhausstraße, 1928 hervorgegangen aus dem seit 1904 bestehenden Victoria-Salon
- Rodera-(Kammer-)Lichtspiele am Postplatz, ab 1938 nannte es sich Ufa am Postplatz) 750 Plätze, Zweitaufführungstheater f. Erfolgsfilme
- Saxonia, Annenstraße 28, um 1905 mit 220 Plätzen, ab -.90 M. Das Kino spielte von 11–24 Uhr, Bes. Willy Schulze, erst Western u. Krimis, ab 1939 Harry-Piel-Filme u. Produktionen aus Babelsberg.
- Scala, Moritzstraße 10
- Schauburg, Königsbrücker Straße Ecke Bischofsweg, seit 1927
- Schillergarten, Schillerplatz 8/9
- Stephenson, Stephensonstraße 46
- TB, Theater am Bischofsplatz, Bischofsplatz 4
- Titania, Trachenberger Straße 15
- Tonbild-Theater, Prager Straße 43
- UFA-Palast, Waisenhausstraße 26
- Universum, Prager Straße 6, 1933 eröffnet
- UT-Lichtspiele (Union-Theater), Waisenhausstraße 22
- Welt-Theater, Scheffelstraße, 1907 gegründet

- Westend, Kesselsdorfer Straße 20
- Wettin, Wettiner Straße 12
- Zentrum-Lichtspiele, Seestraße 11

Jetzt fand unsere Liste die Zustimmung von Studienrat Dr. S. Er wusste unsere Arbeit sogar noch zu ergänzen, indem er uns erläuterte, dass die große Kino-Zeit in Dresden eigentlich im Jahr 1906 begonnen hat. Damals hatte sich der Kinobesitzer Heinrich Ott besondere Verdienste um die Popularisierung dieses seinerzeit neuen Mediums erworben. Noch steckte ja die Rundfunktechnik in ihren Kinderschuhen und an das uns heute so geläufige Fernsehen, von dem wir damals auch in der Schule noch nichts wussten, war gleich gar nicht zu denken. Wir erfuhren auch noch, dass etliche der großen Lichtspieltheater in Dresden nach Entwürfen des Architekten Martin Pietzsch gebaut worden sind. Von dem stammt übrigens auch das Künstlerhaus an der Pillnitzer Landstraße.

Als wir unsere Kino-Liste nachzählten, da brachten wir einundvierzig Lichtspieltheater für Dresden zusammen. Keine unsere anfänglichen Schätzungen traf also genau zu. Aber ich lag mit meinen vermuteten fünfzig Kinos doch dichter an der Wirklichkeit als Eberhard. Und vielleicht hatten wir sogar das eine oder andere Kino am Stadtrand von Dresden bei unserer Aufstellung gar nicht mit erfasst, das konnte durchaus der Fall sein.

Die Prager Straße rauf und runter

FÜR EINKAUFSFREUDIGE Touristen wie auch für die Dresdner war sie das Aushängeschild der Stadt an der Elbe, die Prager Straße. Was fand sich hier nicht alles an feinen Geschäften! Dabei war sie noch gar nicht so alt, diese Prachtstraße. Erst als Anfang des 19. Jahrhunderts die Befestigungsanlagen der Stadt abgerissen wurden, begann die Bebauung dieses südlich des Stadtrings gelegenen Areals. Um 1851 wurde eine Verbindung vom Zentrum zum damaligen Böhmischen Bahnhof in Angriff genommen. Zunächst endete ihre geschlossene Bebauung in Höhe der späteren Sidonienstraße. Südlich derselben sollte der ländliche Charakter der Straße gewahrt bleiben, von hier an gab es nur aufgelockerte Bauweise. Erst Anfang der 70-er Jahre war die Weiterführung bis zum Böhmischen Bahnhof abgeschlossen. Um 1880 wurde dann auch das Gelände südlich des Bahnhofs und westlich der damaligen Reichsstraße zur Bebauung bis zur Reichenbachstraße freigegeben. Da sich hier zahlreiche Ausländer ansiedelten, wird es noch heute als das Amerikanische Viertel bezeichnet. Um die Jahrhundertwende wurde die geschlossene Bebauung bis zum Wiener Platz freigegeben.

Heute hat sich Tante Emma, eine Schwester von Oma, aus Kleinbernsdorf bei uns zu Besuch angesagt. Sie kommt vom Lande, und möchte etwas von der Stadt sehen. Für Kunst und Museen hat sie bekanntermaßen kein Interesse. Aber »Schaufenster will sie gucken in der Großstadt«, sagt sie. Ich bekam den Auftrag, sie durch die Prager Straße zu führen. Da wird sie bestimmt auf ihre Kosten kommen.

Tante Emma ist soeben in Dresden angelangt, wo ich sie auf dem Hauptbahnhof abgeholt habe. Nun will ich mit ihr durch die vor uns liegende »berühmte Straße« bummeln. Ihre Reisetasche haben wir einstweilen in die Gepäckaufbewahrung im Bahnhof gegeben. Wir werden die Prager Straße auf der rechten Seite bis vor zur Waisenhausstraße und dann auf der linken Seite zurück laufen. Da wird sie wohl genug zu sehen bekommen. Dann holen wir ihr Gepäck wieder ab und fahren mit der Straßenbahn zu uns nach Hause. Denn Tante Emma will sich schon ein paar Tage Urlaub in der Großstadt gönnen, die sie nur einmal im Jahr besucht.

Wer aus dem Bahnhof kommend auf den Wiener Platz tritt, den beeindruckt gleich das große Gebäude auf der rechten Seite eingangs der Prager Straße. »Dresdner Feuerversicherung« steht in großen Buchstaben an der Eckfassade zwischen drittem und viertem Stock. Über die beiden runden Ecktürme ragt ein reich verzierter Mittelturm mit neobarocker Haube. Im Erdgeschoss hat der Kraftverkehr Sachsen sein Domizil. »Mit der KVG durch Sachsen« wirbt das Plakat über dem Schaufenster. Und vor dem Gebäude steht neben der Litfasssäule eine aus Holz gebaute Warte, die den Fahrgästen der hier startenden Busse Schutz vor Regen und Sonne bietet. Im Laden gleich daneben wird Riquet-Schokolade angeboten, ihm folgen zwei Schaufenster der Firma Strunkmann und Meister.

Wie trist wirkt doch neben diesem prunkvollen Jugendstilhaus mit seinen Säulen und Balkonen das Gebäude auf der gegenüber liegenden westlichen

Straßenseite. An der leeren Giebelwand zum Wiener Platz ist lediglich eine Reklameschrift angebracht. »Kakao, Riquet, Schokolade« ist dort zu lesen. Wir schlendern nun auf der Ostseite in die Prager Straße hinein.

Gleich nach dem Autohaus Sonneck hat sich die ADCA niedergelassen, die Allgemeine Deutsche Credit-Anstalt. Dann zieht uns das Schaufenster einer Glas- und Porzellanwarenhandlung an, die hier von Richard Herbst geführt wird. Autohaus Louis Glück lesen wir am nächsten Laden. »Hier hat mein Vater sein erstes Auto gekauft, das war ein Opel, jetzt fährt er einen Wagen der Marke Hanomag«, kann ich meiner Begleiterin erzählen.

Wir haben jetzt die Sidonienstraße überschritten. Vor uns liegt das mächtige Eckhaus des Europäischen Hofes mit dem Cafè Rumpelmayer. Davon hat Tante Emma schon viel gehört, wie sie sagt. Sie möchte das auch gerne mal von innen sehen, aber dazu haben wir jetzt keine Zeit. Wieder gibt es wunderschönes Porzellan in den Schaufenstern der folgenden Staatlichen Porzellan-Manufaktur Meißen zu bewundern. Noch vor der Mosczinskystraße wird bei Müller und Thiel Qualitätswäsche angeboten. Dann stehen wir vor dem Eingang zum »Capitol«, einem der größten und elegantesten Kinos der Stadt. Hier drängen sich im Augenblick die Menschen an der Kasse zur Nachmittagsvorstellung. »Kora Terry« wird heute gespielt, mit Marika Röck, wie die Plakate ausweisen. Aber dabei wollen wir uns nicht aufhalten, noch sind viele Schaufenster zu besichtigen, damit Tante Emma ihren Wunsch erfüllt bekommt.

Es folgen nun Tabak- und Schokoladenläden und im Geschäft von Zuntz sel. Witwe werden viele Sorten

Kaffee angeboten. Hier muss ich gleich daran denken, wie ich mich früher, als ich noch kleiner war, immer gefragt habe, warum die Witwe Zuntz wohl selig sei. Bis es mir aufgegangen ist, dass es sich um die Frau des seligen, also verstorbenen Herrn Zuntz handelt.

Auf der Fahrbahn herrscht um diese Zeit ständig reger Verkehr. Fünf Linien der Dresdner Straßenbahn und ebensoviele Buslinien durchfahren die Prager Straße. Dazu natürlich noch Pferdewagen, Autos, Dreiräder und Fahrräder.

Wir haben jetzt die Struvestraße erreicht. Im folgenden Haus ist die bekannte Sprachschule Berlitz anzutreffen, wie ein Schild am Hauseingang wissen lässt. Elegante Schuhe, wieder Porzellan sowie Singer-Nähmaschinen finden sich in den nächsten Geschäften. Dann stehen wir vor dem Kunstsalon Richter

Die Prager Straße am Wiener Platz.

und einer Verkaufsstelle der Deutschen Werkstätten Hellerau. Nach Überschreiten der Trompeterstraße, hinter der sich rechts gleich der Ferdinandplatz anschließt, sind wir nun schon bald an der Waisenhausstraße mit den vielen Schaufenstern des großen Residenzkaufhauses REKA.

»Hierhin werde ich wohl in den nächsten Tagen noch einmal allein gehen und mir innen alles genau anschauen«, meint Tante Emma. Ich bin froh darüber, dass sie nicht gleich jetzt hinein gehen will, denn für mich wäre das viel zu langweilig. Mich interessiert hier nur die Spielzeugabteilung, während Tante Emma in den Modebereichen herumstromern möchte.

Wir überschreiten jetzt die Prager Straße an der Waisenhausstraße vor dem Viktoriahaus, als der an der Kreuzung stehende Polizist den Übergang freigibt. Hier herrscht ja immer toller Verkehr und ohne einen solchen Regler kämen wir wohl nie auf die andere Seite. Während wir noch am Rande des Gehsteiges warten, zeige ich Tante Emma das vor uns am Johannes Ring stehende Bismarck-Denkmal und erzähle ihr, dass vor Weihnachten hier stets ein großer Christbaum mit vielen elektrischen Kerzen aufgestellt wird, den ich mir immer gerne anschaue.

Auf der westlichen Straßenseite treffen wir jetzt auf das Modehaus Esders. Im gleichen Gebäudeblock befinden sich die Central-Theater-Passage mit dem Durchgang zur Waisenhausstraße, die Tanzbar Vaterland und das Kino Universum. Was steht hier auf dem Programm? »Wir bitten zum Tanz« mit Hans Moser und Paul Hörbiger, ist auf dem Plakat zu lesen. Weiter geht es mit Damenkonfektion bei Hirsch und Co. und dem Cafe Limberg an der Ecke zur hier nach Westen verlaufenden Trompeterstraße. Wie fast alle die Prager Straße schräg kreuzenden Straßen verläuft auch sie von Nordwesten nach Südosten.

Im Osram-Haus folgen die Läden von Modewaren Dreßler und der Fußpflegesalon Dr. Scholl. Lindners Apotheke, die Kakao- und Schokoladenfirma KOSA, ein Papierwarenladen von Dora Forke sowie Drogerie und Parfümerie von Grossee und Seidel beschließen dieses Viertel bis zur Oberseergasse, wie die westliche Fortsetzung der aus Südosten kommenden Struvestraße heißt. In Erinnerung an die früher hier anzutreffenden Wasserflächen nennt man ja das ganze Stadtviertel die Seevorstadt.

Tante Emma kommt beim Schaufensterbetrachten aus dem Staunen und Bewundern nicht heraus. So etwas gibt es natürlich in ihrem kleinen Erzgebirgsdorf nicht. Moderne Regen- und Sonnenschirme bietet C. A. Petschke an und in den Auslagen von Lederwaren-Näter stechen schöne Handtaschen, Koffer, Portemonnaies und Gürtel den Passanten ins Auge. Im Haus der Hüte werden die neuesten Kreationen der Saison gezeigt und Reisebüro Rohn offeriert »Urlaub für jeden Geldbeutel«. Mey und Edlich heißt die in Dresden gut bekannte Firma für Herrenartikel, und Johannes Kletzsch hat sein Schaufenster mit appetitlich dargebotenen Fleisch- und Wurstwaren dekoriert.

»Da läuft einem ja das Wasser im Munde zusammen«, meint meine Begleiterin, »So viele Wurstsorten gibt es bei uns zu Hause nicht beim Fleischer«.

Neben den Winkler-Läden mit ihrem reichen Angebot an Fahrrädern zeigt Spielwaren-Müller viele Dinge, die ich mir nun gerne genauer betrachtet hätte. Aber jetzt schiebt mich Tante Emma weiter. Sie hat eben doch ganz andere Interessen.

Die Kunsthandlung von Max Sinz besitzt in Dresden einen guten Ruf. Hier sind schöne Gemälde und Plastiken ausgestellt, die wir beide andachtsvoll betrachten. So im Vorbeigehen zeigt Tante Emma schon Interesse, aber für längere Zeit in ein Museum zu gehen, dafür ist sie nicht zu haben. Bei Walter Herrmann gibt es Damen-Moden zu sehen, da ist sie wieder nicht weg zu bekommen und dann drücken wir uns die Nasen am Schaufenster von Juwelier Stark platt. Herrliche goldene Ringe, Ketten, Diademe und Uhren sind da ausgestellt. Aber die Preise! Dazu müsste man schon in der Lotterie gewinnen. Auf den Spanischen Garten folgt das Schokoladengeschäft von Bruno Clauß, eine der zahlreichen Filialen dieser Firma im Stadtgebiet.

Wir sind mittlerweile an der Sidonienstraße angelangt. Hier im Eckhaus ist das bekannte Cafe Hülfert. Ein Blick durch die Scheiben ins Innere zeigt uns, dass es voll besetzt ist. Inzwischen ist ja auch die Kaffeezeit gekommen und hier treffen sich elegante Damen beim »Kaffee-Kränzchen« zum Plausch, zu dem sie meist ihre Hüte aufbehalten.

Im letzten Häuserblock der Prager Straße vor dem Wiener Platz wird noch einmal vieles angeboten: Feine Handarbeiten bei Dora Engelhardt, das Filmtheater Prinzess lädt ein zu »Karneval der Liebe« mit Dora Komar und Johannes Heesters. Drei große Kinos in einer Straße, na wenn das nichts ist! Tante Emma ist überwältigt. Dann entdecken wir das Tanzvariete Barberina, eine Automatengaststätte, Autohaus Röthig, Büromaschinen der Firma Olympia, ein Frisör- und Parfümeriegschäft Curt Hofmann und schließlich das Lloyd Reisebüro. Auch Gerling und Rockstroh gehört zu den in Dresden gut bekannten

Schokoladenherstellern. Vorbei am Zentral-Hotel, dem Laden von Gummiwaren-Arnhold und dem Zigarrengeschäft der Gebrüder Risse haben wir dann den Bummel durch die Prager Straße geschafft. Jetzt sind wir beide doch ganz schön mürbe, vom vielen Laufen, Schauen und Erzählen.

Wir holen Tante Emmas Reisetasche aus der Gepäckaufbewahrung im Hauptbahnhof ab und fahren mit der Straßenbahnlinie 26 nach Johannstadt zu den Eltern, wo Mutter schon den Kaffeetisch gedeckt haben wird und wir uns von den Strapazen dieses Schaufensterbummels, die Prager Straße rauf und runter, erholen können.

Das Bismarck-Denkmal am Johannes Ring.

Tanz der Musen in der Pillnitzer Straße

*O*FT BIN ICH in meiner Kindheit durch die Pillnitzer Straße gelaufen, wenn ich ins Stadtzentrum wollte. Diese heute an der Güntzstraße beginnende und nach Westen verlaufende Straße nahm damals schon am Striesener Platz ihren Anfang. Heute heißt dieser Streckenabschnitt bis zur Güntzstraße Striesener Straße.

Ich begann meinen Weg an der Ecke zur Güntzstraße, wo einst die Johanneskirche gestanden hat. Etwas weiter nördlich davon, auf dem Areal der ehemaligen 1. und 18. Volksschulen befindet sich heute das St. Benno-Gymnasium. Und an die Johanneskirche erinnern den Passanten, der noch um ihre einstige Existenz weiß, heute nur einige dort auf dem Straßenpflaster abgelegte große Steine aus der in den sechziger Jahren gesprengten und abgetragenen Ruine und eine große Steinkugel.

Auf der Nordseite der Pillnitzer Straße gab es dann nach Überschreiten der Pestalozzistraße den kleinen Gemischtwarenladen mit dem im Vorraum stehenden Schokoladenautomaten, den wir als Jungen einmal mit Falschgeld gefüttert hatten, was sich aber für uns dann ziemlich nachteilig ausgewirkt hat. Wenige Schritte weiter nach Westen mündete die von der Grunaer Straße kommende Blochmannstraße. In den ersten Jahren meiner Schulzeit wohnte hier dicht bei der Pillnitzer Straße ein Lehrer. Es war ein etwas schrulliger, noch relativ junger Mann. So weit ich mich erinnere, stammte er aus Russland. Oft lud er sich Schüler in seine Wohnung ein, da wurden Spiele mit der hier aufgebauten elektrischen Eisenbahn gemacht und er konnte viel erzählen. Wir waren damals sehr für ihn eingenommen. Dann ist er aber bald aus unserem Gesichtskreis verschwunden.

Etwas weiter stadtwärts traf man auf die Kaulbachstraße. Manchmal musste ich in das hier befindliche Elektrogeschäft gehen, um von Vater Rechnungen abzugeben. Die Firma Paul Henker gehörte nämlich zu seinen Kunden und kaufte bei ihm Lampenschirme ein.

Ich hatte inzwischen die Kreuzung mit der Cranachstraße erreicht, der bald die mit der Mathildenstraße folgte. Zur Rechten stand hier das mächtige Gebäude des Landgerichts. Und von der nun zu überschreitenden Gerichtsstraße konnte man im Hintergrund das Gefängnis am Holbeinplatz, die »Mathilde«, sehen. Doch gab es für mich hier auch auf der linken Straßenseite etwas Interessantes zu betrachten. Über dem Laden der Buttergroßhandlung Böhme, Pillnitzer Straße 26, war ein schöner Figurenfries angebracht. Der Bildhauer Gottlob Christian Kühn, von dem auch das Moreau-Denkmal und die beiden Löwen stammen, die zunächst am Fuß der Treppe der Brühlschen Terrasse zum Schlossplatz aufgestellt und 1863 an die Tiergartenstraße am Eingang zum Großen Garten versetzt worden sind, hat hier neun tanzende Musen dargestellt. Terpsichore für den Tanz, Thalia für die Schauspielkunst, Urania als Muse der Stern- und Himmelskunde, Euterpe für den lyrischen Gesang und die Musik, Melpomene für klagende Gesänge und das Trauerspiel, Klio für die Dichtkunst und Geschichte, Kalliope für die heroische Poesie, Erato für das Liebeslied und Polyhym-

Die neun tanzenden Musen vom Haus Pillnitzer Straße 26.

nia für den ernsten gottesdienstlichen Gesang. Der Fries stammt aus dem Jahr 1815.

Natürlich habe ich damals als Schuljunge noch nicht um die Bedeutung dieser neun Figuren gewusst. Erst fast fünfzig Jahre später bin ich ihnen unversehens wieder begegnet. Das Haus Pillnitzer Straße 26 ist im Februar 1945 schwer beschädigt und später abgebrochen worden. Glücklicherweise hat aber der Figurenfries die Zerstörung überstanden, er wurde irgend wohin ausgelagert und fand schließlich im neu erbauten Opernrestaurant an der Wand des Treppenaufgangs Aufstellung. Und hier stand ich ihm plötzlich gegenüber. Jetzt konnte ich mich auch über die Bedeutung der hier dargestellten Tänzerinnen kundig machen. Die Erinnerung an seinen ehemaligen Standort lässt mich aber noch einmal an all die Häuser mit ihren Läden denken, an denen ich damals in der Pillnitzer Straße vorbei gelaufen bin. Ob das nun die Hackerath'sche Buchhandlung war, in der die Eltern meine Schulbücher für die Oberrealschule kauften, das Hotel Angermann oder »Möbel-Machts«, Fisch-Paschky in der Nummer 14, die Gastwirtschaft »Römischer Kaiser« in der 31, Schrapel-Immobilien in der Hausnummer 1 oder gleich daneben in der 3 die Schuhreparatur mit dem seltsamen Namen »Kraft 312«.

Alles das gehört heute der Vergangenheit an. Zu den ganz wenigen Überbleibseln aus jener Zeit gehört der Figurenfries, den man nun im Opernrestaurant bewundern kann.

Der Nymphenbrunnen auf dem Moltkeplatz.

Konzert und Spiel am Landgraben

*I*N DEN Jahren meiner Oberschulzeit hatte ich einen Klassenkameraden, mit dem mich besonders enge Freundschaft verband. Das war Georg K. Wir haben in der schulfreien Zeit oft und gerne miteinander gespielt. Im Winter kam er meist zu mir, während ich im Sommer viel bei ihm gewesen bin. Seine Eltern wohnten in Gruna in einem kleinen Reihenhäuschen ziemlich am Ende des Kleinhausweges. Hinter dem Haus gab es einen kleinen Garten und in nächster Nähe damals noch ziemlich unberührtes Land. Es wurde von dem aus Leubnitz-Neuostra kommenden und dann zwischen Helfenberger- und Spohrstraße in die Elbe einmündenden Landgraben durchzogen. Dort in Gruna bot sich für uns Jungen natürlich ein sehr romantisches Gelände zum Spielen an.

Wenn ich Georg besuchen wollte, dann fuhr ich meist mit der durch die Canalettostraße verkehrenden Straßenbahnlinie 10 über Fürstenplatz, Borsberg- und Schandauer Straße. Endstation dieser Bahnlinie war damals am Abzweig zur Altenberger Straße. Heute liegen in diesem Straßenabschnitt noch einige Meter Schienen von damals, die jetzt jedoch nicht mehr befahren werden. Ich stieg aber meistens schon an der vorletzten Haltestelle Gottleubaer Straße aus, gleich hinter dem Gelände der Ernemann-Werke mit ihrem charakteristischen Turm, der das Bild dieser Gegend so eindrucksvoll bestimmt. Hier wurden in den Zeiss-Ikon-Werken für damalige Zeiten sehr moderne Kameras und Filmgeräte produziert. Imponiert haben mir beim Vorbeifahren immer die Brücke zwischen den zwei Werksgebäuden über die Junghansstraße und das an der Giebelwand des westlichen Hauses sichtbare große Mosaik-Wandbild.

Ich wandte mich nun nach rechts und lief vorbei am Friedhof die Lauensteiner Straße südwärts. Zur Rechten war hier schon der Landgraben zu sehen. Über Eibenstocker- und Hepkestraße hatte ich dann das kleine Siedlungsviertel erreicht, wo ich Georg

Turm der Ernemann-Werke (Zeiss-Ikon) an der Schandauer Straße.

finden würde. Manchmal habe ich mich auch aufs Fahrrad gesetzt und bin von unserer Wohnung auf der Dürerstraße nach Gruna geradelt. Da nahm ich aber immer wenig befahrene Seitenstraßen.

Spaß haben mir in Georgs Wohngegend immer die Straßennamen gemacht. Da gibt es den Geraden Steg, einen Kurzen Schritt, die Lange Zeile, Am Anfang, Am Knie, den Grabenwinkel und eben auch den Kleinhausweg, der mein Ziel war. Er trägt meiner Meinung nach seinen Namen völlig zu Recht, denn es sind wirklich kleine Häuser, die hier in Reihe stehen.

Georg hatte mich schon erwartet. Ich muss hier einfügen, dass mein Klassenkamerad ein sehr begabter Klavierspieler war, der schon als Kind beachtliche Leistungen hervorgebracht hat. Heute sagte er mir, ehe wir runter an den Graben gehen, wolle er mir erst noch etwas vorspielen. Er habe gerade ein neues Stück eingeübt. Es war im Augenblick auch noch sehr heiß draußen, so dass ich seinem Vorschlag gern zustimmte. Er führte mich im Haus seiner Eltern eine enge Stiege ins Obergeschoss hoch. Hier hatte er ein kleines Zimmerchen, in dem auch sein Flügel stand.

»Wie habt ihr den denn eigentlich hier hoch gebracht?« konnte ich mich nicht enthalten, zu fragen.

»Ja, das war schon ein Problem für die Transportarbeiter, die ihn her geschleppt haben. Die Füsse mussten sie abschrauben und haben ihn dann mit vieler Mühe hochkant über die Treppe gehievt«, erklärte mir Georg.

Dann ließ er mich auf einen Stuhl setzen und begab sich ans Instrument. »Ich spiele den ersten Satz aus dem Klavierkonzert c-moll von Rachmaninow«, verkündete er mir. Und dann legte er los. Ich konnte ihn nur bewundern, wie mühelos er das bewältigte.

»Herr H., unser Musiklehrer hat mir nämlich gesagt, ich solle das einüben und zum nächsten Schulfest in Donaths Neuer Welt in Laubegast spielen«, meinte er. Georg hatte dort schon in den letzten Jahren mit seinem Spiel brilliert und Herr H., der ihn sehr gefördert hat, animierte ihn dazu. Heute spielte er noch vom Blatt, meinte aber, bis zum Herbst müsse er es schaffen, das auch auswendig zu bringen. Georg war wirklich ein künstlerisch sehr begabter Junge. Er konnte übrigens auch wunderschön zeichnen. Und da trafen sich unsere beiden Interessen, denn Klavier konnte ich damals als Junge nicht spielen.

Nachdem wir wieder nach unten gestiegen waren, setzte uns seine Mutter jedem einen Topf Milch und ein Stück Sandkuchen vor, das wir mit Genuss verspeisten. Dann stiegen wir die von der Küche hinter das Haus führende kleine Treppe ins Gärtchen hinunter. Nach links schloss sich den hier angelegten Beeten, in denen Blumen und Küchenkräuter für den Hausgebrauch gezogen wurden, dann eine ziemliche Wildnis an. Wir stapften durch das hohe Gras zu dem hier vorbei fließenden Landgraben. Aus herum liegenden großen Steinen bauten wir ein kleines Wehr, zogen Schuhe und Strümpfe aus und wateten vergnügt in dem angestauten Wasser herum. Georg hatte auch einige kleine Holzschiffchen mitgebracht, die wir hier ins Wasser setzten und in Reichweite treiben ließen. Dabei verging uns die Zeit wie im Fluge, hatten wir uns doch auch immer viel über die Schule, unsere Lehrer und die Mitschüler zu erzählen. Georg sagte mir, dass Dr. B., einer unserer Lehrer, der mit seinen Eltern befreundet war und sie oft besuchte, kürzlich geäußert habe, er wolle in den bevorstehenden großen Ferien mit interessierten Schülern eine Radtour unternehmen. Da wollten wir beide natürlich gern mit dabei sein. Ich würde heute abend gleich die Eltern fragen, ob ich da mitfahren dürfe. Georg hatte bereits die Erlaubnis bekommen.

»Wenn du das nächste Mal zu mir kommst, dann kann ich dir auch ein paar neue Schiffsmodelle zeigen, die ich inzwischen gebaut habe«, sagte ich, als wir uns bald darauf voneinander verabschiedeten. Georg wusste ja längst, dass ich diesem Hobby nachging und ich hatte ihm schon manche meiner Nachbauten gezeigt, die ich voller Stolz in meinem Zimmerchen auf dem Schrank stehen hatte. Es kam unter uns beiden jedenfalls niemals Langeweile auf, wenn wir zusammen saßen und das ist doch sehr oft der Fall gewesen.

Der »Wurmfortsatz« Portikusstraße

KAUM SECHZIG Meter lang war sie, die Portikusstraße im Süden der Stadt, in der Nähe des Ferdinandplatzes gelegen. Als nordöstliche Verlängerung der Räcknitzstraße über den damaligen Moltkeplatz hinaus ist sie mir immer wie ein Blinddarm vorgekommen, endete doch dieser »Wurmfortsatz« ziemlich unvermittelt vor der Rückfront eines dreistöckigen Wohnhauses an der Bürgerwiese. Unter zwei Torbogen, die in Straßenmitte von einem Pfeiler getragen wurden, gab es auf der Straße einen schmalen Durchlass. Aber Autos durften hier wohl nicht passieren, wie ich mich erinnern kann. Zwei kleinere Rundbogen wölbten sich über dem Durchlass für Fußgänger auf dem Gehweg.

In Erinnerung habe ich die Straße, weil die Eltern einmal mit mir nach einem Kinobesuch im Filmtheater Prinzess auf der Prager Straße durch dieses Viertel nach Hause gelaufen sind. Über Sidonien- und Räcknitzstraße erreichten wir den Moltkeplatz, dann ging es durch eben diese Portikusstraße zur Bürgerwiese. Wahrscheinlich sind wir dann über Lennè-, Güntz- und Dürerstraße weiter bis zu unserer Wohnung gegangen.

In der Portikusstraße wollte ich natürlich wissen, woher dieser Name kommt. Vater erklärte mir, als Portikus habe man im Altertum bei Tempeln den Portalvorbau in Form eines von Säulen gestützten Giebels bezeichnet. Und genau so sah ja der Durchgang aus, durch den wir eben gegangen waren.